人类学
视野译丛

经济人类学

学科史、民族志与批判

〔英〕韩可思　基斯·哈特　著

朱路平　译

Chris Hann and Keith Hart

ECONOMIC ANTHROPOLOGY

History, Ethnography, Critique

Copyright© Chris Hann and Keith Hart 2011

This edition is published by arrangement with Polity Press Ltd., Cambridge.

根据英国 Polity 出版社 2011 年版译出

《人类学视野译丛》工作组名单

主编：

高丙中　周大鸣　赵旭东

支持单位（按音序排列）：

北京大学社会学与人类学研究所
北京师范大学民俗学与社会发展研究所
北京师范大学民俗学与文化人类学研究所
北京师范大学社会学学院人类学与民俗学系
南京大学社会学院社会人类学研究所
内蒙古师范大学民族学与人类学学院
清华大学社会科学学院社会学系人类学专业
上海大学社会学院社会学系人类学专业
武汉大学社会学系人类学专业
西北民族大学民族学与社会学学院
厦门大学社会与人类学院
新疆师范大学社会文化人类学研究所
云南大学民族学与社会学学院
浙江大学非物质文化遗产研究中心
中国农业大学人文与发展学院社会学与人类学系
中国人民大学社会与人口学院人类学所
中山大学社会学与人类学学院
中央民族大学民族学与社会学学院

人类学视野译丛

总　　序

　　越来越多地走出国门的中国人需要人类学视野，越来越急迫地关怀世界议题的中国社会科学需要人类学视野。有鉴于此，我们把编译这套丛书既作为一项专业工作，也作为一项社会使命来操持。

　　这套丛书与商务印书馆的"汉译人类学名著丛书"是姊妹关系，都是想做基础性的学术工作。那套书主要翻译人类学大家的原创性代表作，尤其是经典的民族志；这套书定位于介绍社会文化人类学的基本知识，例如人类学的概论、多国的学术发展史、名家生平与学术的评介、人类学的分支学科或交叉学科。我们相信人类学是人文社会科学的一门基础性学科，我们这个译丛要做的是着眼于中国社会科学的发展来介绍人类学的基础性知识。若希望人类学在中国发挥基础性学科的作用，目前中国的人类学同仁还要坚持从基本工作着手。

　　人类学是现代人文社会科学的基础学科。这虽然在学术比较发达的国家是一个常识并已经落实在教育与科研的体制上，但是在发展中国家还是一个需要证明的观念，更不要说相应的制度设计还只是停留在少数学者的呼吁中。指出发达国家的学科设置事实也许是不够的，我们还可能需要很专业的证明。不过，我们在

i

此只能略做申论。

因为人类学，人类才在成为一个被思考的整体的同时成为个案调查研究的总体。从来的学术都不乏对天地、天下、普遍人性的思考，但是现代学术在以世界、全人类为论域、为诉求的时候，是以国际社会为调查对象的。现代人文社会科学的世界性是由人类学从经验研究和理论思考的两个面向的世界性所支撑的。通过一百多年的经验研究，人类学把不同种族、不同社会形态、不同文化的人群在认知上联结起来，构成一个具体多样的人文世界。人类学的整体观既指导了社区个案研究，也培育了把各种各样的小社区、大社会作为一个整体来看待的思想方法。人类学曾经借助进化论把社会发展水平差异巨大的人群表述为一个分布在一个时间序列的不同点上的整体，也借助传播论把具有相同文化要素的异地人群联结起来，后来又借助功能论、结构主义支持不同人群的普遍人性——这些特定时代的学术都是在经验上证明并在认知上形塑"人类的一体性"。在经验研究和思想方法上，"世界的世界性""人类的整体性"这些对于我们所处的全球化时代、我们纠结其中的地球村社会至关重要的观念，可以说是人类学的知识生产的主要贡献。正是人类学的观念和方法奠定了现当代主流社会科学的学术基础。

人类学是扎进具体的社会人群研究人类议题的学科，或者说，人类学是以具体社会作为调查对象而以抽象的人作为关怀对象的"社会"科学。这样的特点使人类学常常是关于文化的学术，这种学术在不同的情况下被称为"社会人类学""文化人类学"或者"社会文化人类学"。在一个社区里，政治、经济、法律、教育等是总体事实的方方面面，当一般人类学发展到相当水平的时候，它对于专门领域的研究也相应地发达起来，人类学的分支学科如政治人类学、经济人类学、法律人类学、教育人类学、语言人类学、心理人类学、历史人类学就水到渠成。以此观之，人类学已经是浓缩在具体社区经验观察中的社会科学。相对而言，社会科学诸学科就仿佛是放大了观察范围的人类学。社会科学诸学科与人类学的知识传统相结合，人类学的分支学科又成为与这些学科的交叉学科。

人类学之所以能够作为社会科学的基础性学科，既在于人类学提供了特有的视野（看社会的视角）、胸怀（对人类的关怀）、方法（田野作业与民族志），也在于人类学提供了不同社会、不同文化背景下政治、经济、法律、教育、语言、心理等如何运作的标本和研究范例。

所以不难理解，一个知识共同体想要有健全的社会科学，就必须要有发达的人类学。一个国家的社会科学的发展水平与它们的人类学的发展水平是密切相关的。中国社会科学的若干严重局限源自人类学的不发达。我们的学术研究往往流于泛泛之论而缺少充分的个案呈现，窒碍于社会问题本身而难以企及一般性的知识兴趣，局限于国内而缺少国际的眼光，如此等等。而人类学学科的擅长恰恰是提供好的个案研究，提供具有多学科介入价值的个案研究，并培育学者具备从个案到一般性议题的转换能力。同样还是人类学，积累了以异域社会为调查对象的知识传统，培育了以经验研究为基础的人类普遍关怀的能力。没有人类学的发展，我们的经验研究扎不进社会生活，我们的理论思考上升不到人类共同体抽象知识的层次，结果是我们的研究在实践上不实用，在学术上缺乏理论深度。

当然，中国社会科学的问题不是人类学的发展就能够解决的，人类学的欠缺更不是通过这个译丛的若干本书的阅读就能够弥补的。但是，我们还是相信，编辑这个译丛对于我们在不久的将来解决这些问题是有助益的。

人类学是学术，也是一个活色生香的知识园地，因为人类学是靠故事说话的。对于公众，人类学著作承载着对异族的兴趣、对异域的好奇心，大家意兴盎然地进入它的世界，结果会开阔视野、扩大眼界，养成与异文化打交道的价值观和能力。因此，在学术目的之外，我们也相信，这个系列的读物对一般读者养成全球化时代的处"世"之道是有用的。

高丙中
2008 年 4 月 9 日

目　　录

前言 …………………………………………………………… 1

第一章　导言：经济人类学 …………………………………… 3
　　一　几个方法问题 ………………………………………… 5
　　二　人类经济 ……………………………………………… 7
　　三　批判人类学 …………………………………………… 11
　　四　本书结构 ……………………………………………… 17

第二章　从古代世界到互联网时代的经济 …………………… 20
　　一　作为家户管理的经济 ………………………………… 20
　　二　经济学理论的中世纪与近代思想渊源 ………………22
　　三　政治经济的兴起 ………………………………………27
　　四　卡尔·马克思的经济人类学 …………………………29
　　五　基于民族国家的资本主义及其后续发展 ……………32
　　六　结语 ……………………………………………………36

第三章　现代经济学和人类学的兴起 ………………………… 39
　　一　德国传统 ………………………………………………41
　　二　英国传统 ………………………………………………45

三　美国传统⋯⋯⋯⋯⋯⋯⋯⋯⋯⋯⋯⋯⋯⋯⋯⋯49
　　四　法国传统⋯⋯⋯⋯⋯⋯⋯⋯⋯⋯⋯⋯⋯⋯⋯⋯51
　　五　结语⋯⋯⋯⋯⋯⋯⋯⋯⋯⋯⋯⋯⋯⋯⋯⋯⋯⋯57

第四章　经济人类学的黄金时代⋯⋯⋯⋯⋯⋯⋯⋯⋯⋯59
　　一　卡尔·波兰尼与实质论派⋯⋯⋯⋯⋯⋯⋯⋯⋯60
　　二　形式论者⋯⋯⋯⋯⋯⋯⋯⋯⋯⋯⋯⋯⋯⋯⋯⋯68
　　三　结语⋯⋯⋯⋯⋯⋯⋯⋯⋯⋯⋯⋯⋯⋯⋯⋯⋯⋯75

第五章　形式论与实质论争辩之后⋯⋯⋯⋯⋯⋯⋯⋯⋯78
　　一　马克思主义⋯⋯⋯⋯⋯⋯⋯⋯⋯⋯⋯⋯⋯⋯⋯80
　　二　女性主义⋯⋯⋯⋯⋯⋯⋯⋯⋯⋯⋯⋯⋯⋯⋯⋯85
　　三　文化转向⋯⋯⋯⋯⋯⋯⋯⋯⋯⋯⋯⋯⋯⋯⋯⋯90
　　四　硬科学⋯⋯⋯⋯⋯⋯⋯⋯⋯⋯⋯⋯⋯⋯⋯⋯⋯96
　　五　货币人类学⋯⋯⋯⋯⋯⋯⋯⋯⋯⋯⋯⋯⋯⋯101
　　六　结语⋯⋯⋯⋯⋯⋯⋯⋯⋯⋯⋯⋯⋯⋯⋯⋯⋯105

第六章　不平等的发展⋯⋯⋯⋯⋯⋯⋯⋯⋯⋯⋯⋯⋯108
　　一　不平等世界中的发展⋯⋯⋯⋯⋯⋯⋯⋯⋯⋯109
　　二　人类学家与发展⋯⋯⋯⋯⋯⋯⋯⋯⋯⋯⋯⋯113
　　三　非洲的发展人类学⋯⋯⋯⋯⋯⋯⋯⋯⋯⋯⋯117
　　四　非正式经济⋯⋯⋯⋯⋯⋯⋯⋯⋯⋯⋯⋯⋯⋯120
　　五　超越发展？⋯⋯⋯⋯⋯⋯⋯⋯⋯⋯⋯⋯⋯⋯124
　　六　结语⋯⋯⋯⋯⋯⋯⋯⋯⋯⋯⋯⋯⋯⋯⋯⋯⋯127

第七章 另一条道路——社会主义 ... 129
一 社会主义 ... 130
二 变革 ... 137
三 社会主义改革 ... 144
四 结语 ... 146

第八章 同一世界的资本主义 ... 149
一 资本主义的发展 ... 150
二 工业劳动 ... 156
三 消费 ... 159
四 公司资本主义 ... 163
五 货币与金融危机 ... 166
六 结语 ... 169

第九章 经济人类学往何处去？ ... 170
一 学科史、民族志与批判 ... 171
二 作为一门学科的经济人类学 ... 176
三 告别经济人假设 ... 179

关于扩展阅读的提示 ... 182
参考文献 ... 188
索　引 ... 206

前　言

　　本书源于我们为 2006 年 6 月召开的关于经济人类学现状的会议而撰写的学术论文，那次会议主要探讨卡尔·波兰尼（Karl Polanyi）思想的当代意义。我们后来决定整理会议记录并予以出版，却发现此文篇幅显然过长，难以收入那本会议论文集（Hann and Hart 2009）。与此同时论文还在继续扩充。我们迟迟不能完稿的原因不仅仅是其他亟待完成的事务（常见的学术工作理由），还因为受最近这次最严重的世界经济危机的影响，它占用了我们部分精力，也激发了我们在文中给予货币研究更为突出的位置。这次金融危机及其社会后果可能震惊了包括经济学家在内的全世界大部分人，但经济史学家或经济人类学家应该不会感到太吃惊，因为他们早已熟悉"创造性破坏""不平等发展"等概念。我们这本书把经济人类学发展史与世界历史的视角结合起来，认为这场金融危机并没有让我们改变本书原有的理路与结构，但它恰好说明了为何本书并不限于历史回顾式的研究。

　　本书也非学派间的论战。我们关于经济人类学之历史与现状的描述是为了增进对经济生活的理解，在经济生活领域，不仅经济学家和人类学家，而且历史学家和社会学家（还包括每个标签下多种类型的学者）应携手合作。有些经济学家认为自己的学科有特殊地位，他们把经济学置于更靠近"硬"科学而非接近人文科学中的"软"学科位置。我们以批判和历史的视角来看待这样的观点，但是我们的意图也不是用浪漫主义和乌托邦主义的路径来替代经济学。我们知道，在某种程度上经济学和人类学一样复杂多样。我们的目的是让经济学与人类学走近一些，因此我们对双方的主流立场持批判态度。

前人在论述经济人类学时会把它与现代社会理论的开创者联系在一起，主要包括马克思、韦伯、涂尔干。有时，经济人类学的历史会被追溯至启蒙运动中的政治经济学家。我们认为，经济人类学的核心问题远远比这个更古老。从最终意义上说，经济人类学研究人类本质和人类幸福问题，它们是每个社会的哲学家从一开始就在思考的问题。我们阐述了这样一种经济人类学，它能够研究任何时空中人类创造的"人的经济"。然而，在过去的半个世纪，尤其是冷战结束以来，世界经济发生了巨大的变化，因此研究这些仍在进行的变革是本书的首要任务。

为了保证可读性，我们尽量避免让文本塞满脚注或过多的参考文献、引语和引文标记。本书"参考文献"前的"关于扩展阅读的提示"是为感兴趣的读者提供补充性建议以及更多与各章所呈材料相关的信息。

我们感谢索菲·谢瓦利埃（Sophie Chevalier）、何瑞雪（Horacio Ortiz）和毗湿奴·帕达亚奇（Vishnu Padayachee）同意我们使用合作研究的成果，我们也感谢加雷斯·戴尔（Gareth Dale）、斯蒂芬·古德曼（Stephen Gudeman）、桑迪·罗伯特森（Sandy Robertson）和多恩·罗伯森（Don Robotham）提出的有益评论。

第一章　导言：经济人类学

人类学家旨在发现从最为特殊到最为普遍的各层社会组织的原理。早在它成型为"研究原始人的经济学"之前，19世纪经济人类学的目的，是检验这样一种观点，即世界经济秩序的建立必须符合正在努力实现普遍性的西方工业社会的原则。对于其他替代性方案的探索一直都在进行，无论是自由主义的、社会主义的、无政府主义的还是共产主义的，这些方案或许支持更为公正的经济。因此，对起源和演变的兴趣也一直存在，因为社会被认为是处于运动之中的且尚未到达其最终形态。人类学是思考经济可能性的最具有包容性的途径。

20世纪，知识细分达到了前所未有的程度，这为模仿自然科学的社会学科的出现提供了空间。人类学发现自己被归类为研究无法被其他学科所触及的人类种群的学科。人类学被纳入日益扩张的大学学科体系，人类学者的职责就是积累关于"他者文化"的客观数据库，主要是为圈内人士和其他少数专家而非社会公众所用。人类学职业逐渐固定在一个文化相对主义的范式里（每个社会都应该有其自己的文化），在定义上就与经济学的普遍有效真理不同。人类学者的学术权威来自长期居留的偏远地区，他们探讨世界经济发展轨迹问题的能力因此而受到很大的损害。

我们在经济人类学领域界定了三个发展阶段。第一阶段从19世纪70年代到20世纪40年代。在此期间，大部分人类学家都有兴趣研究"未开化人"的经济行为是否同样可以得到被认为驱动西方经济行为的效益和"合理性"等观念的支持。最初,研究者致力于收集被视为进化历程的世界历史的简洁论述。然后在第一次世界大战之后的数年中,田野调查的重要性变得更加突出,人类学家试图运用主流(新古典主义)经济学更普遍的观点来处理他们关于"原始"社会的特殊发现。然而他们并未成功,主要原因在于他们误解了经济学家的认识论前提。

20世纪50年代和60年代,冷战处于最紧张的阶段,世界经济繁荣,各国政府致力于扩大公共服务范围,同时保持对金融市场的严格控制。经济人类学家展开内部争论,探讨他们专属领域所需的研究理论和方法,此时他们的专属区已经从全世界人数不断减少的部落成员扩展至农民。"形式论者"(formalists)认为,主流经济学的概念和工具足以胜任此项工作,而"实质论者"(substantivists)认为制度分析路径(institutional approaches)更为合适。他们用"制度性的"(institutional)一词表示,在尚未由非人格化市场主导的社会,经济生活总是"嵌入"从家户到政府与宗教等其他社会机构中。

回顾过去,这场形式论者与实质论者之间的论战是经济人类学发展的一个黄金时期。它在僵局中结束,为马克思主义者和女性主义者短暂占据主导地位开辟了道路。这两个学派同样主要依托异域民族志的传统主题。经济人类学的第三个历史阶段始于作为分水岭的20世纪70年代,覆盖了新自由主义全球化的三十年。我们考察新的批判视角、经济人类学的"文化转向"(cultural turn)和对硬科学外衣的向往,尤其是对"新制度经济学"(New Institutional Economics)外衣的向往。在这个时期,人类学家扩大

第一章 导言：经济人类学

了他们的调研范围，从一系列不同的视角研究人类各种经济组织。迄今为止，他们基本上倾向于坚持民族志观察的传统。我们认为，现在时机已经成熟，人类学家可以前进一步去研究整个世界经济。在这个新的第四阶段，经济人类学最终将成为一个独立的学科。

现在最基本的议题依然是，令北大西洋社会在过去两个世纪中主导世界经济的市场经济形式，是否能获得普遍有效性原则的支持。关于相似性和差异性的辩论自始至终困扰着经济人类学。我们可以感到骄傲的是，为了了解人们的想法和做法，人类学家深入研究对象的居住地并与之共同生活。我们现在认识到，从学术而言，通过市场模型的棱镜去分析非市场经济行为，并不比透过小型狩猎－采集社会的世界观去分析最近华尔街的金融危机更为合理。这种对比有其用途，但必须谨慎运用。我们没有理由认定，人类历史上人类经济的多样性可以简化为西方和世界其他地方这样一个单一的大区划分。在任何情况下，人类学家有必要促使以田野调查为基础的民族志更多地接纳被20世纪大多数人类学家所抛弃的世界历史的视角。

一 几个方法问题

任何一个在提出时被预设为具有普遍性的概念都有其特定的历史。英文单词 economy（经济）起源于古希腊单词 oikonomia，它指的是家户管理，通常是一座庄园的管理。基于市场和货币的劳动力复杂分工可以追溯到更早的时候，最显著的是公元前3000年到公元前2001年的美索不达米亚。但是正如我们将在下一章所解释的，oikonomia 被认为是市场原则的对立面。当然，人类自其起源时就在自己的环境中繁衍生息，与其他群体交换物品。因此，在这个意义上我们可以说，人类经济像人类本身一样古老。既然现代民族志对这个历史的解释非常有限，我们必须将目光转向其他学科，尤其是现代经济考古学。虽然物质痕迹（包括化石记录）的考古研究对生计和交换的古老模式提供了丰富的线索，但是要推断其成员如何概念化并管理他们的物质，任务依然是困难的。现代人类学家提出，将早期的人类经济视为持续性的生存奋斗或许是不准确的。农业的发明使人类有必要强化劳动力投入，被我们视为苦差的事情可能就是当时的日常，但是早期的农艺师，更不用说旧石器时代的狩猎者和采集者，对工作的理解不可能与我们今天相同。

"经济"在欧洲社会思想史中有着特殊的系谱，这一事实不应妨碍人类学家调查具有不同物质基础及其相关认知的群体的人类经济。最近数十年以来最富有成果的一个经济人类学分支探索了经济的"地方模式"。例如食物采集者的模式，他们把自己居住其中的森林看作是生存保障的良好来源（第五章）。关于工作、短缺和不确定性这些西方概念是他们不熟悉的。使问题更复杂的是，经济一词不断地与其他词语结合在一起，例如政治的、道义的、文化的、表征的甚至精神的。在下一章，我们为经济从古代到现在不断变化的参照物提供一个历史轮廓。经济是现代文明的关键词之一。关于经济之历史轨迹的知识应该使我们更清楚何时才可普遍地运用这个词。

我们决定将经济人类学置于西方思想史的语境之中，并进而将西方思想史置于特定的世界历史视角之中，这样处理会带来一个更需重视的限制。我们的叙述在很大程度上倾向于北大西洋视角,反映的是现代时期欧洲和美国对国际社会的主导及其在学术中的表现。经济人类学家在世界各地工作了一个多世纪,但是自觉的学术群体最先在有过殖民帝国的欧洲国家形成,然后在美国得到巩固。在一二十年里,这些经济人类学家在人类学领域非常引人瞩目(虽然在圈外毫无影响力)。本书的一个目的是呼吁,这个智识共同体应作为一个自觉的学科重新获得活力。在此过程中,我们尽量比以往更谨慎、更全面同时也更灵活地定义这个领域,因为我们的目的是在经济人类学与其他学科之间架设桥梁,并提供一个宽泛的框架,在全球基础上谋划前方的道路。应该注意的是,我们借鉴其研究成果并因而视其为这个新生学科之创始人的许多西方学者,并未将自己归类为经济人类学家,即使在20世纪后半叶这个标签已经出现的情况下。如果我们能够实现自己的目标,一些读者将能够在其他非西方知识传统中识别出类似的经济人类学学科的先驱者。

另一个相关问题是语言上的。我们的重点是反映最近几十年占据主导地位的英文文献。我们注意到法文和德文研究成果的重要贡献,但是考虑到读者不擅长其他语言,所以只要可能,我们在引用这些资料时都使用英文译文。

二 人类经济

自19世纪末以来,"经济"一词的主要用法是指代一国境内购买和销售的货物和服务的总和,所以有"英国经济"的说法。这个词经常与意思为"人民"的一个词结合在一起,例如德语中的 *Volkswirtschaft*(国民经济)或者匈牙利语中的

népgazdaság（国民经济）。这个经济是可以量化的，其最高要务通常是生产，如关键指标"人均国民生产总值"所示。这样的现代经济极大地依赖消费需求。虽然很多人尚无办法满足他们对生活必需品（如清洁的水）的需要，但是其他很多人不用再为生存担忧。关于后者，经济人类学需解决的问题是解释为什么他们愿意忍受工作的艰辛以购买并非是生活必需的物品。答案是，这些物品因为社会和个人的原因而被看重。短缺常常因其本身而受到重视，但是这种短缺是由社会构建而非自然赋予的。

生产和消费由分配过程连接在一起，它们常常极不平等。有时，"交换"一词被用来替换"分配"，但是我们坚持两者是有区别的。交换是经济生活的一条普遍原则，但是可以有多种形式，并非所有的资源流动都应该被归类为交换。送给统治者的贡品也许可以说是为你换来他的庇护，但这是一种不平等关系的误导性展示。而一个现代国家的福利支出更适合被视为以税收为来源的转移支付，它是一种新的分享形式而不是交换形式。经济学家往往专门研究经济生活的具体子领域，例如交通或者能源市场、外汇、医疗或者住房。现代西方经济习惯地被划分为私人部门和公共部门，分别由市场和政府支配，前者是从销售中获得利润，后者则由税收和政府再分配权力。产权是关于经济组织竞争性模式论争的核心问题，它曾经划分了冷战的战线，但是最近几十年，这一熟悉的区分渐渐淡化了，公共部门和私人部门之间的分界线现在常常是模糊的。

在欧洲大陆，经济学的一些传统在继续强化政治秩序和政治调控。另一个影响力强大的传统是基于中央集权的计划经济，但随着柏林墙的倒塌已不复存在。19世纪以来的主导性传统起源于

第一章 导言：经济人类学

英国的功利主义。它优待自由市场，允许预算限制之内"价值"的个体最大化。价值通常是以货币值所表示的成本和收益来衡量的。无论何时，当个体明显没有在市场意义上将价值最大化时，例如当他们为家人和朋友或为慈善而准备礼物时，他们依然被看作是在短缺条件下进行选择以使效用最大化，虽然经济学家并没有进一步阐明这种神秘的东西到底是什么。一些经济学家将"理性选择"推向了最亲密的领域，如家庭，他们认为自己的理论能够圆满地论述所有形式的交换，包括代际和代内的转让。如果经济学被定义为研究人们做出的选择，并且所有的行为都遵循这种理性的选择，那么这门学科显然包含了人类生活的全部及其进化（或许还包含动物世界大部分的进化）。那么在系统合理性层面，经济学家不仅会解释我们与家人之间的具体交易模式，而且还会解释为什么我们有自己的亲属体系和必须服从的统治者，甚至还有我们敬奉的上帝。作为一个主要学科，唯一可以和经济学抗衡的就是生物学。今天，经济学和生物学之间的交流非常活跃，比如在被称为进化经济学的领域。该领域分析社会文化选择如何与达尔文"协同进化"的自然选择相互作用。

如果以这种方式定义，经济学的方法有利于在复杂的层面上进行正式的、数学的处理；但是，如果这样的理性选择路径对行为者的偏好及其深层的道德价值不作解释的话，那么它们只是同义反复。它们使经济非人化，实际上是从 *Volkswirtschaft*（国民经济）抽掉了 *Volk*（国民）。我们对经济的理解是非常不同的，尽管范围一样大。"人类经济"（Hart, Laville and Cattani 2010）指向福利，指向所有人类需求的满足——不仅仅是那些通过私营的市场交易可以满足的需求，还包括对诸如教育、安全和健康环境等公共产品的需求,以及对不能被降低为人均开支的非物质品质的需求,如尊严。在我们生活的时代,市场机制(总是社会建构的结果,永远不"自由")被延伸至新的领域,目的在于提高"经济效率"。但是人们开始意识到,给重要事项,如教育,制造一个市场,不是道德中立的,它常常会形成误导性的统计数字,它们掩盖了将教师和教授与其他商业服务提供者同样对待之后出现的教育质量下降。我们同意,从长远看经济确实影响了亲属关系和宗教机构的建构,但是我们对建立在效率和抽象的个人理性观念上的进化模型持怀疑态度,我们提倡用一种更全面的方法研究经济组织,能恰当处理物质的、历史的和民族志的记录。

于是,人类经济的人类学研究需要以更宽阔的视野观察生活水平,研究广泛的人类需求和动机。在现代社会,市场是分配大多数商品所必不可少的,20世纪欧亚大陆的"社会主义"计划经济的命运已经清楚地说明了这一点(第七章)。"资本主义"市场的扩张大大改善了世界大多数地区的生活水准。的确,这种扩张也带来了大量的剥削和痛苦;其过程非常不平衡,不加限制的市场也威胁到了民主本身。但是在摒弃市场或抑制市场以实施更多调控之前,我们必须问一问,为什么那么多的穷人试图更多地投入市场而非相反。无论如何,我们意念中的经济研究不能局限于市场上不具名的购买行为,因为政治制度、社会习俗和道德规则为市场交换建立起了前提条件。信奉理性选择的理论家沿袭鲁滨逊·克鲁索(Robinson Crusoe)的传统而强调个体,他们相信,虽然与他人合作的决定最终须解释为个体计算的结果,但是在论及"人类经济"的时候,重点是放在人身上,他的偏好和选择有时是出于理性计算,但是通常也受到人们所卷入或嵌入其中的家庭、社会和政治环境的影响。

经济学圈内一些人承认这些问题的存在，但是相对于主流的新古典主义传统，他们往往是边缘化的。在市场原则能够适用至多大范围这一问题上，经济学家与其他人一样，内部也有各种不同的观点。一些人将经济学仅仅定义为效用最大化的个人主义逻辑并可在社会生活所有领域里运用，与这些人展开对话是没有多少希望的。但是我们所知道的经济学家中，并没有很多人支持这样的立场。我们希望用现实世界的问题来说服经济学家关注人类学家关于人类经济的发现以及我们所提出的理解这些发现的理论。

三 批判人类学

和"经济"一样，"人类学"一词也来源于古希腊文。人类学（*anthropos*＝人）指的是任何一种对人类整体进行的系统研究。主导性的现代用法是指称一门学科，在英国被称为社会人类学，在美国则是文化人类学。在美国的一些大学里，文化人类学采用四领域方法教授——其他三个领域是体质人类学（或者生物人类学）、考古人类学和语言人类学——但本书不讨论人类学的这些分支，也不会直接涉及源自伊曼努尔·康德的以人类学（*Anthropologie*）为标签探索人类本质的哲学和神学研究。

社会和文化人类学有很多相互矛盾的定义和历史。强调文化多样性的研究者中，一些人将学科史追溯到古希腊关于野蛮游牧人的印象，就如记录在希罗多德（Herodotus）作品中的看法，或者追溯到天主教知识分子如何看待西班牙殖民者最早在美洲大陆

10

对其所遇见的原住民的描述。在此，我们支持的是批判人类学，它植根于18世纪的民主革命和理性主义哲学。当时的问题是，旧制度下的专制性不平等可以如何由一个平等社会来取代，这一平等社会的基础在于所有人类所共同拥有的人性本质。启蒙运动哲学家对不平等的前提假设提出革命性的批判（critique），同时他们也为建设更平等的未来提出建议。这样的未来被认为类似于建立在国家和阶级划分基础上的社会之前存在的亲属关系组织。对当代野蛮人的阐释借助于阶段理论，其中孟德斯鸠（Montsesquieu，1748）提出的理论影响力特别大。

那么，什么是"批判"呢？批判即是借助判断对当代文明进行检视。而判断又是在认真思考的基础上形成观点的能力——更进一步而言，是明辨具体细节与更普遍原则之间关系的能力。让-雅各·卢梭（Jean-Jacques Rousseau，1712—1778）是批判人类学的一个重要来源，他把对腐败文明的批判与解决全球不平等的设想结合在一起。他告诉我们，拒绝按照目前的样子考虑事情必然会要求我们设计出新的方法来研究和书写过渡性的当下。卢梭的著作《论人类不平等的起源和基础》（1754）启发了从19世纪的路易斯·亨利·摩尔根（Lewis Henry Morgan）到20世纪的克洛德·列维-斯特劳斯（Claude Levi-Strauss）等诸多人类学家。对经济人类学而言，它也是一个基础文本。

卢梭不关心自然禀赋上的个体差异，而是关注在财富、名誉和令他人服从的能力方面来自社会习俗的人为不平等现象。为了建立人类的一种平等模式，他想象了一个前社会的自然状态，在这个人类进化阶段人是孤独的，但健康且幸福，最重要的是自由。这种"高贵野蛮人"的自由是形而上学的、无政府的和个人的：

第一章 导言：经济人类学

原初的人类有自由意志，他们没有上司，无须服从任何形式的统治。人类在某个节点转型成了卢梭所称的"新生社会"，这是一个漫长的阶段，其经济基础可以概括为拥有棚屋的狩猎－采集生产方式。人类为什么要离开自然状态？卢梭猜测原因很可能就是灾难和经济短缺。

在农业，或如卢梭所称，"小麦和铁"被发明出来之后，腐败就开始了。耕种土地导致了最初的私有财产机构的出现，它们的力量达到高峰时就有了发展政治社会的要求。在公民秩序（国家）形成之前先有霍布斯状态（Hobbesian condition），那是所有人对所有人的战争，其特点是法律缺位。卢梭相信，遵守法律的新的社会契约或许是通过社会共识达成的，但是这个契约的欺骗性在于富人由此而获得法律的准许，将不平等的财产权永久传递。从这个不良开端开始，政治社会经历一系列革命，一般经历三个阶段：

> "建立法律和财产权是第一阶段，建立地方法院制度是第二阶段，将合法权力转变为强制权力是第三也是最后一个阶段。因此富人和穷人的地位在第一阶段被认可，强大和弱小的地位由第二阶段决定，第三阶段确立主人和奴隶的地位，这是不平等的最高程度，所有其他阶段最终都会导向这一阶段，直到新的革命彻底解散政府，使之重归合法。"（Rousseau 1984：131）

独裁统治闭合了这个循环，所有个体重归平等，他们现在不是臣服于法律而是臣服于主人的意志。在卢梭看来，不平等的强化正是公民社会中人类异化的一个方面。我们需要从劳动分工和对他人意见的依赖上回归到主观上的自给自足。卢梭颠覆性的寓言以对经济不平等的有力控诉作为结尾,它可以对我们的世界起到很好的警示作用:

> "无论如何定义,这显然是违背自然法则的……少数人竟然极尽奢华而饥饿的大多数缺吃少穿。"(同上: 137)

马克思和恩格斯在对国家和资本主义的批判中富有成果地利用了这个先例。摩尔根作为卢梭在现代人类学领域的主要继承者,保持其遗产直至20世纪开始之后。但是这已不再是主导性的人类学范式,取而代之的是相对主义民族志,后者更符合由单一民族国家组成的世界社会。

这个相对主义的根源也可以追溯到18世纪。我们在社会和文化人类学中使用的很多词汇,尤其是"民族志"和"民族学",都出自那时的德语学者,他们考察德语地区的农民,同时也考察国外西伯利亚地区的"他性"(otherness)。约翰·哥特弗雷德·赫尔德(Johann Gottfried Herder, 1744—1803)的著作对卢梭和康德坚信的普遍主义(universalism)形成了逆流。在人类学发展成为一门学科的较长过程中,这两股潮流始终处于紧张关系之中,也激发了思想的频繁碰撞。在庞大的殖民帝国建立起来的19世纪,普遍主义以进化论思想的形式占据了主导地位。世界上大部分人被归类为自然民族(Naturvölker),有别于通过文明发展而进入历史的文化民族(Kulturvölker)。摩尔根、恩格斯等学者坚持原始共产主义的观念,他们对原始共产主义持积极的态度,认为它与之后那些以阶级斗争或"东方专制主义"的停滞为特征的阶段形成对比。

20世纪，人类学家抛弃了这些粗糙的进化主义模式。大部分学者完全拒绝了进化论思想。布罗尼斯拉夫·马林诺夫斯基（Bronislaw Malinowski）、弗朗茨·博厄斯（Franz Boas）以及他们的学生们致力于对特定社群的近距离研究，对这些社群过去历史的回溯仅限制在可获历史资料所支持的范围内。这些民族志开辟了新的天地，但是在此过程中也丢失了某些东西。对经济人类学而言，最大的收获在于能够更好地理解生产、分配、交换和消费领域人类行为的复杂动机，以及这样的人类经济如何与其他领域的行为发生联系。消极的一面是，无论在时间上还是空间上，人类学家都失去了宏观的大视野。其结果是，他们的工作常常被其他社会科学家视为过度微观、倚重非典型的案例分析。我们非常赞成保持民族志研究方法，但我们也认为这些方法必须加以补充，不只是通过多点田野调查，还要在中层和宏观层面上更积极地进行历史分析。这意味着要再度重视世界历史。

主流经济学也是微观的，但是方法很不一样。即使经济学家试图计算并预测集体行为，他们的理论通常假设个体行动者。宏观层面的研究把批判人类学家引向与考古学家、社会历史学家和政治经济学家进行对话，而微观层面的工作则更可能引导人类学家和经济学家一起与心理学家和认知科学家建立联系。时不时地会有一种微观理论推出来作为解释宏观发展的关键。我们对这些理论表示怀疑。远远早于现代理性选择理论出现之前，经济人类学家就对个体的决策行为进行了描述和分析，但是我们需要再次做这项工作，因为它影响巨大，而且与我们的中心问题有关。这是否会让西方的方法论个人主义无根据地投射到我们的研究对象上？或者，是否有一些行为原则在所有经济中都是有效的？坚持普遍性的（经济学家和认知心理学家）和拥护特殊性的（人类学家和历史学家）之间的紧张关系从一开始即形塑了我们这个领域的辩论。我们不追随目前的时髦领域，如进化心理学或博弈论所提供的诱人捷径，去获得一般的解释。我们认为，经济人类学家需要再次采用更宽广的历史框架。

在所有为批判性经济人类学的理论体系做出贡献的人之中，我们要重点介绍马塞尔·莫斯（Marcel Mauss，第三章）和卡尔·波兰尼（第四章）的贡献。在经济学家中，他们率先重点关注流通机制（不只是交换），同时强有力地反对经济学家的假设和主要结论。更重要的是莫斯的名著《礼物》(*The Gift*, 1925)被狭义地解读为对交换理论的贡献，在交换理论的外衣下，它被认为是站在"礼物与商品"二元划分的其中一方，这种划分经常被视为代表了西方和其余世界之间的巨大分界线。其实，莫斯的目的是化解纯礼物和利己的契约之间的截然对立，以揭示相互责任和社会融合的普遍性规则。另一方面，卡尔·波兰尼的确强调了一个时间节点，即工业革命，以建立一个"大分野"理论。这使得他和他的追随者——我们认为是错误地——放弃了对现代经济的研究，将其全部留给了经济学家。在21世纪的第一个十年里，新自由资本主义的危机给波兰尼在《巨变》(*The Great Transformation*, 1944)一书中对市场原则过度扩张的危险所做的经典分析增添了新的现实意义。与此同时，社会学家发现，当市场原则变得强大之后，互惠和再分配——波兰尼提出的作为经济和社会"整合形式"(forms of integration)的中心概念——是不会必然衰退的。

我们从莫斯和波兰尼那里学到的是关注社会如何建立在多种经济规则的联合利用之上，这些规则在地理和历史上均有广泛的分布，但可以不同的方式进行组合，能对我们的常见事务提供新的动力和指引。他们两人都对现代以马克思主义的名义展开的社会实验抱有强烈的兴趣，他们认为这些实验扭曲了那个传统关于人类经济彻底解放的保证。和马克思一样，他们拒绝将社会化约为资本主义市场的乌托邦计划。他们眼中的经济是被同时往两个方向拉伸的：向内以确保社群权益获得地方性保证，向外则是通过货币和市场与他人更广泛地建立密切关系，以适当补充当地的不足。莫斯和波兰尼各自建立了具有高度普遍性的原则，能对日常生活进行清晰的解释，但是他们从来没有将民族志研究当作个人职业。在做这些工作时，他们在历史、民族志和批判之间搭建了桥梁。两人都积极地研究他们时代的重大政治问题，这些问题现在并没有消失，需要通过我们当下这个时代的视角给予新的审视。

四 本书结构

我们试图将正在兴起的经济人类学学科放置在一个更为宽阔的历史和理论框架之中。第二章追溯"经济"这个概念的历史，从它在古代地中海地区的起源开始，直至大量经济交易在网络上进行的当代世界。其余篇幅分三个阶段探讨经济人类学的历史。

第三章论述的是 19 世纪 70 年代到第二次世界大战的历史。在官僚变革将权力集中在强大国家和垄断企业手中的年代，政治经济学把自己重塑为研究被称为经济人（*Homo economicus*）的生物在竞争性市场中的个体决策行为的学科，经济人这个概念在新旧世纪转换之时开始出现在教科书中。在急速城市化的20世纪，世界被战争和经济灾难吞噬，这一时期人类学家出版了有关遥远地区种群的民族志，他们被展示为现代历史的局外人。在这个阶段，无论是经济学还是人类学都没有太多的公共影响力。第二次世界大战之后的那段时间，经济学不断上升，直至今天所享有的地位。第四章检视20世纪50年代和60年代经济人类学家在圈内持续进行的一场激烈辩论，那时福利国家的共识处于高峰水平，冷战愈演愈烈，欧洲的多个帝国被拆解。在第五章，我们回顾了后续几十年的主要潮流。这期间，经济人类学变得更加支离破碎，相对于主流人类学更加边缘化，多种理论方法相互竞争，试图获得更大的影响力。20世纪70年代繁荣起来的新马克思主义和女性主义路径既可被视为经济人类学黄金时代的顶点，也可被视为走下坡路的证明。自20世纪70年代开始，关于接受还是拒绝以经济学为榜样的争论一直不温不火地持续着，但是战后几十年的凝聚力已经不复存在。新自由主义时代为经济人类学带来了新的挑战和机遇。如果说20世纪最后三十年经济人类学的研究在理论上具有多样性，那么当代人类学总体上也是如此。

　　在本书的后半部分我们对三个主题展开研究，它们是经济人类学解释我们时代社会关键问题的重要主题。它大致符合冷战早期阶段将人类划分为三个世界的体系："第一世界"是美国及其盟友，"第二世界"是苏联及其盟友，而"第三世界"则是非洲、亚洲和拉丁美洲的非结盟国家。自那以来，尤其是冷战结束以来，全球概念图继续发生着变化。现在，评论员说"全球南方国家"而非"第三世界"，亚洲的很大部分地区经历了持续的经济增长，

第一章 导言：经济人类学

达到了让世界霸权明显东移的程度。然而，我们从之前的三分法中得出过去半个世纪经济人类学的主要研究对象：资本主义、社会主义和发展。

在第六章一开始，我们分析世界的"不平等发展"，世界分裂为富有地区和贫困地区，双方曾经期望通过共同努力让后者摆脱贫困，但是现在不再如此。发展人类学是一个快速成长的领域，与经济人类学有重叠，但是并不相同。第七章为研究冷战前后及当代中国这些社会主义国家提供了批判人类学视角。上两个世纪关于资本主义和社会主义相对优点的大问题依然没有消失，尽管它们在某些方面有令人难以相信的趋同。第八章重点研究最近几十年经济人类学最重大的发展：西方本土和整个世界研究资本主义的意愿。其时代背景是新自由主义政策，即一段时期里人们知道的"华盛顿共识"的明确目的是由资本主义打开世界统一的大门。在这一章的结论部分，我们简略地提到我们撰写此书的历史环境，2008年金融崩溃引发了经济危机。我们在第九章做出总结，探讨对经济人类学历史的回顾如何有助于预示它的未来。

第二章 从古代世界到互联网时代的经济

济一词在英文词典里有一组不同但重叠的指称：

1. 秩序、管理；
2. 资源的高效保护；
3. 实际事务；
4. 金钱、财富；
5. 市场。

这个单子的隐含意思是，经济这个概念应用于广泛的社会单元。这里给出的最后两种意义特别突出了市场及其专长于牟利的无归属的个体，而这与旨在同时保护社会和自然资源的经济是必然对立的。在本章中，我们从历史视角探讨这一巨大转变是如何到来的。

一 作为家户管理的经济

正如我们已经发现的，"经济"一词来源于一个意为"家户管理"（household management）①的希腊词。通常认为，此词的理

---

① "Household management"在经济学中通常翻译为"家庭管理"，而在人类学和社会学中常将"household"译为"家户"，因此本书通常将"household management"译为"家户管理"。与此相关的术语中，"house"根据上下文译为"房子"或"家"或"家屋"，"househoulding"译为"家计"。——译者

论性定义是亚里士多德（Aristotle，公元前383—前322）给出的（Polanyi 1957a）。希腊语 oikonomia（经济）这个概念的出现是用以表达长期内战中一方的利益，这场内战使青铜器时代后期诸农业帝国之间的基本冲突具体化。就中世纪欧洲而言，战争双方后来被称为"封建主义"和"资本主义"，分别代表建立在对土地或对货币控制基础上的产权与政治制度。军事贵族在农村拥有采邑，从奴仆性质的农业劳动者那里收取租金，而由海上贸易连接起来的城市则通过贸易维持其人口生存。在希腊，战争双方的政治口号分别是"贵族制"和"民主制"，即精英统治和人民统治之间的对抗（人民不是指所有人，而是男性人口中相当比例的人）。在多数地方，贵族派和民主派争夺权力，与跨越各种地理分界线的志同道合的团体结成联盟。古朗士（Fustel de Coulanges 1864）早期的人类学经典著作记录了双方对抗的结果：从地方斗争到国际冲突，无数战争和革命持续了几十年。

在罗马打败迦太基并吞并地中海东部之后，这个过程才得以中止。下个千年开始之时，军事地主所有制战胜了水上贸易，古代世界统一到了罗马旗下。又过了一千五百年之后，商人才再次获得以大量土地为基础的权力且赢得了对抗的胜利，这次是在欧洲西北区域。英格兰是这场胜利的主要地点，但是它的殖民地美利坚合众国很快使其黯然失色，形塑了我们今天所知的全球资本主义。马克思和恩格斯在《共产党宣言》（1848）中指出，阶级斗争的历史是发生在城镇和乡村之间的，他们心里想的便是这段欧洲历史。

亚里士多德认为，人类本该生活在社会之中。他称呼我们为 zoon politikon，有时被英译为政治动物（political animal），不过他的意思是我们需要社群的集体秩序,对他而言社群是城市,或者包含了乡村腹地的城邦(polis)。社会是人类本质的表达,更是自然世界更大逻辑的表达。其核心是居住着一个家庭(oikos)的房子,不过不是任何房子,也不是平常的家庭。他心中指的是半堡垒化的大房子,居住着土地拥有者以及他们的奴隶、仆人和工匠,外加田地、果园和牲口。根据亚里士多德的看法,这样一座房子的目的应该是自给自足(autarkia),这就要求运用预算和节俭原则精打细算地管理它的资源。这就是经济(oikonomia)的精髓。但是这些大庄园承受着来自城市商贸体的经济和军事上的压力。后者需要金钱来支持自己的奢侈开支,最重要的是支付战争开支。因此,亚里士多德严厉抨击市场,尤其反对工商业(business/khrematistike),他将商业描绘为个体对利润的反社会追求,这些个体过着非自然的无国界贸易生活。站在这个立场,亚里士多德是在继续一种可以追溯到两千年前的美索不达米亚的话语。在那里,进贡、送礼和偷窃是将货物从一方转移至另一方的更受欢迎的模式。市场交易似乎是作为富有的、具有有效公共性的家庭活动而出现的,它总是受到精英们的批评,在政治制度崩溃之时受到压制。在整个农耕时代商贸兴衰枯荣,直至最后市场成为工业资本主义制度的主导原则。

二 经济学理论的中世纪与近代思想渊源

在《尼各马可伦理学》(Nicomachean Ethics)一书中,亚里士多德接受了柏拉图交换起源于劳动分工的观点,并且补充认为,当交换比例相称之时便是"公正"的,即双方的得与失相等。这种均衡是可以用需求来衡量的。在中世纪的欧洲，这个观点被经院哲学家修改过。大阿尔伯特（Albert the Great, 1206—1280）[①]调整了亚里士多德的观点，具体指明交换时生产者所涉及的"时间和烦劳"是交换的成本。他的学生托马斯·阿奎那（Thomas Aquinas, 1225—1274）也认为，没有恰当比例的交换，城市将会崩溃，因为它是建立在劳动分工基础上的。小规模的商业生产预先设定了自由的物品拥有者在相互之间进行平等交换，但是它被实施强迫劳动的农奴和奴隶制度削弱了。阿奎那的经济理论并没有明确作为"交换-价值"的条件和衡量标准的需求。作为一名经院神学家，他必须调和经济现实和教会说教。这意味着在公正和不公正之间画线。他谴责高利贷，却不得不为商人的利润辩解；他维护已有的秩序，却赋予在其中再次活跃的资本主义某些合法性。核心的经院哲学研究方法是像亚里士多德一样坚信，经济的目标是保护社会；社会是自然的一部分；自然生产（农业）是它的灵魂，自然是上帝的创作，这使得"经济"成为神圣秩序的理论原则。

这段历史并非西方基督教所特有的。欧洲和亚洲的所有农耕文明都认识到城市商贸与往往通过暴力手段获取并保持的农业土地之间的紧张关系。印度的种姓制度是一个极端的例子：整个社会被划分为不同的阶级，分别由僧人、武士、商人和奴隶组成，并设置障碍，限制以金钱为手段进入在精神上更有权威的阶级。在中世纪的欧洲，犹太人被局限于赚钱活动，却不允许拥有土地或者担任政治公职。中国的儒学统治阶级也关注对贸易领域的限制。长子最理想是成为官吏，次子从军，只有到第三个儿子

[①] 即 Albertus Magnus，德国天主教多明我会主教和哲学家。——译者

才经商：高级别者对商人起到约束的作用。即便如此，生机勃勃的创业条件在中国城市里深深扎下了根，尤其是在主要的口岸城市。亚当·斯密称赞过中国国内市场的规模，相对于18世纪欧洲碎片化的全国市场，中国的市场给他留下更深的印象（Smith 1776）。亚里士多德所持的让农业保持"自然"、与市场无任何牵连的理想，与各地的实际情况是矛盾的，因为土地权贵和城市商贸之间存在着不稳定的相互依赖关系，土地权贵努力保持着居于上风的地位。

穆斯林经济的丰富传统影响了欧洲的复兴，今天在世界经济中继续发挥着积极的作用。11世纪，开罗是将南部西班牙与印度连接在一起的文明的中枢。它的一位最重要的经济思想家是波斯人阿里-阿扎里（Al-Ghazali，1058—1111），在伊拉克、叙利亚和埃及做教师。他重点关注社会福利事业（*Maslaha*）的经济方面，对必需品、舒适品和奢侈品做了区分（Ahazanfar and Islahi 1997）。温饱型生活是不够的，但是富裕也有危险。奢侈和吝啬都应该避免，中间道路得到提倡。阿里-阿扎里对交换、生产、货币、国家的角色和公共金融的作用都提出了很多有见地的看法。他强调市场中的道德行为，认为必需品的生产和供应应该是一种责任。他谴责囤积，赞美合作，拒斥放高利贷的行为，视公正、和平和稳定为经济进步的先决条件。

伟大的阿拉伯学者伊本·赫勒敦（Ibn Khaldun，1332—1406）继承了亚里士多德的遗产，与托马斯·阿奎那和大阿尔伯特相比，他让这份遗产更接近现代经济学理论（Khaldun 1987）。在亚当·斯密之前的几个世纪他就宣称，国家的财富在于作为商品的工艺品的生产。如果西班牙小麦的价格高于北非，这是因为需要更多的

第二章 从古代世界到互联网时代的经济

劳动力以更高的成本生产小麦,而不是因为西班牙食品更匮乏。经院哲学家们关心的是建立一个"公正价格",伊本·赫勒敦却要解释当前的价格。他没有依赖伦理规范,而是同等重视经验性数据和理论分析。根据他的看法,所有的财富来自人类劳动,他把他那个时代的巨大财富归因于以礼品为形式的非付费劳动的积累。

然而,穆斯林工匠是不允许用他们制作的器物做交易的,因而堵住了发展成制造业综合体的道路,那是近代欧洲资本主义发展的基础。将社会视为市场的现代观念在英语国家扎根最牢固。17世纪的英国是一个创新的国度,同时经历着政治、科学、贸易和金融的革命。此时,经济学在一个新的政治理论框架内以更可辨识的现代形式出现了。在传统君主制国家,制定公共决策的途径是让国王听到。但是,如果国王已经被杀,你该做什么?现在,不得不由知识辩论来证明政策的正当性。基本上有两种真理诉求(truth claims):你可以诉诸思想演绎(如在数学之中)的纯粹逻辑,或者求助于真实世界的事实。达德利·诺思(Dudley North)是前者的典范,而《政治算数》(Political Arithmetick)一书的作者威廉·配第(William Petty)属于第二个阵营。现代经济学方法仍然遵循理性主义和经验主义这两极,其形式分别是微观经济理论和计量经济学。

约翰·洛克(John Locke, 1632—1704)进行了哲学上的综合,他的理论有利于城市商贸从地主主宰的社会边缘上升到"公民社会"的正中心。在《政府论》(Two Treaties of Government, 1690)一书中,洛克勾画了人类历史的三个阶段,均以劳动价值理论为基础。第一阶段是一个自然状态,男人们在大家共同可获得的土地资源上劳动，并把这些资源变为他们自己的。这样，私有财产被视为在没有复杂政治秩序的情况下获得的劳动结果。货币是历史向下个阶段转移的催化剂，那是一个土地财产不平等、通过胁迫手段积累财富的阶段。以前，生产量超过自己的使用量是没有意义的（食品会腐败），而现在，剩余的东西可用金钱的形式长久储存起来，这最终导致人们去获取庞大的地产。这意味着商品生产者可能遭受有国王保护的武装暴徒的剥削。洛克设想了在第二阶段被革命推翻之后建立公民政府的第三阶段，这是包含在劳动价值理论中的政治原则得以建立的时期：人们可以保留自己所生产的东西。他掩饰了公司拥有者与他们的工人（"仆人"）之间的区别，其依据是他们都得益于逃脱旧贵族制的掠夺。

在18世纪，欧洲的天主教君主制国家，主要是法国和西班牙，也有重要的经济学小册子。法国重农主义者认为所有的价值都来自土地。在工业革命前夜，他们发明了一些巧妙的方法来跟踪价值在经济体里的流通，而他们依旧只用农业术语想象这个经济体。詹姆斯·斯图亚特爵士（Sir James Steuart，1712—1780）是拥护觊觎英国王位的詹姆斯二世党人的流亡者，在向英语世界介绍"政治经济学"一词的时候汲取了这份欧洲大陆的文献的内容（1767）。他的立场是，这个世界农民太多，而购买他们产品的人不足。去往城市的移居者，即使是"群氓"（如今我们会说他们生活于非正式经济之中，见第六章）也会产生对商业性农业产品的需求。农民们可以花钱购买城市居民生产的产品，交换就会在乡村－城市劳动分工的基础上发展起来。斯图亚特相信，开始时公司应该受到保护，使其免受世界市场风暴的影响，渐进式地引入竞争，让强大的公司扩张，弱小的公司消亡。因为没有明确地支持自由贸易,他被贴上"重商主义者"的标签。无论如何,他的工作很快因亚当·斯密的工作而黯然失色。

三 政治经济的兴起

最初,经济可能被等同于农业,但是即使在地主统治的时期,交换的机制也是理论研究的主要焦点。随着欧洲帝国联合而形成第一"世界体系"(Wallerstein 1974),经济越来越被等同于市场。它们是由买卖行为构成的网络,通常以货币为媒介。至此为止,相对于构成社会基础的主流机构而言,一直是微不足道的市场,从18世纪开始逐步被接受为社会的中心。自那以来,关于两者之间恰当关系的政治辩论一直非常活跃。通常认为,亚当·斯密为"市场"(此词现在经常作为单数使用)制定了一个章程,确立它的现代社会主导性制度的地位。他在《国富论》(Smith 1776)一书中的分析是以经济单位内部与经济单位之间先进的劳动分工所产生的效率提升为基础的,重点研究商业化的"自然"进程。无论是工业资本主义的突破,还是随后发生的英国海外帝国的统一都还是不能设想的。

正如我们已经看到的,所有的农业文明都努力试图限制经济交易,因为权力来自贵族军事阶层所拥有的土地,他们害怕货币和市场可能颠覆他们对社会的控制。在非国家形态的社会,市场通常也是边缘性的,服从统治性社会制度代理者的管理。因此,根据卡尔·波兰尼(我们将在第四章讨论)追随者所编文集的撰稿人所写,在非洲,市场一直是被限定在具体的时间和空间点位上,那些大量的生产和消费活动则是由亲属关系组织的(Bohannan and Dalton 1962）。殖民地对出口粮食和雇佣劳动的需求意味着市场规则变得越来越普遍，这撼动了当时掌权者的地位。为什么市场对传统的社会安排必须是颠覆性的？因为贸易没有界限——从某种意义上说，所有市场都是世界市场——而这对地方控制系统产生了威胁。市场给被统治者——农奴、奴隶、少数民族、青年人、妇女——提供了一条逃脱的途径。外来商人的影响力经常削弱地方统治者的自治权。

因此，当亚当·斯密提出这样的理论，即社会对市场没有什么可畏惧却有很多可获得，他清楚自己在挑战什么。他进一步指出，市场交换的主要动机是自私的："我们期待的晚餐，并不是来自屠夫、酿酒商或者面包店主的仁慈，而是来自他们对自己利益的关注。"（1961: 26—27）作为一名伦理哲学家，斯密并不褒奖在市场交易中对自我利益的狭隘追求，他觉得更好的做法是让所有人释放这个特性，而不是将经济权力集中在精英手中，无论他们是多么的高尚。他颠倒了传统智慧，断言"以物易物倾向"是人类本性的一部分，市场比任何其他途径都能更好地增加"国家财富"。他止步于此，并未宣称社会整体的利益最好留给被允许自由运用其手段的市场去照顾而无需考虑他所称的"同情心"或者"感同身受"；但是，他的这些保留意见大多已经被遗忘了。现代经济学家流畅地引用他关于"看不见的手"的论断，却没有注意到斯密是在指人的本性所达成的巧合，而不是市场的客观机制。他预测的不是一个统一的世界经济，而是一个多元化的世界，在这个世界中，中国可能再次超越欧洲分裂的国家市场（Arrighi 2007）。

19世纪早期，政治经济作为一门学科继续发展，它关注如何最好地分配不断扩大的市场经济所产生的价值以实现经济增长。

第二章　从古代世界到互联网时代的经济

如果说亚当·斯密被誉为给自由主义经济学做了最早的宣言，那么大卫·李嘉图（David Ricardo 1817）则为其理论原则提供了更为系统的描述。他和追随者界别了三类资源，认为每一类都天生具备"增长的力量"：环境（土地）、货币（资本）和人的创造性（劳动力）。这些资源又是分别由它们的拥有者代表的：地主、资本家和劳动者。具体收入——租金、利润和工资——的来源分布包含着解读政治经济法则的关键。李嘉图认为地主与资本家之间的冲突是最主要的冲突，最佳的政策是确保市场销售的价值不会从资本储备转移到高租金。

政治经济学认为竞争性市场会压缩中间商的利润空间，会迫使资本家实施创新，提高效率，降低生产成本。这是通过规模经济效应、劳动分工、工厂使用机器来实现的。劳动生产力得到发展，由此产生的利润得以回流到更高层次的活动中。社会的人力因此得到解放，可以去从事形式更复杂的商业生产。对这种螺旋式上升的唯一威胁是土地拥有者提高租金，利用这些新盈利的行业获得好处，将价值转移到挥霍型消费中。更糟糕的是，资本储备天生就是无限的，而土地供应则绝对是有限的。经济扩张意味着人口增长，这会促使食品价格上涨，在另一边通过工资挤压资本储备。解决问题的办法就是让英国的土地拥有者直面廉价的海外供应商的竞争，这使得建立在李嘉图"比较优势"原则基础上的自由贸易成为19世纪最重大的政治议题。

四　卡尔·马克思的经济人类学

卡尔·马克思和弗里德里希·恩格斯认为，私人资金的力量太过分散，无法对机器化商品生产所造就的都市社会发挥组织作用。因此，他们寄希望于大量集聚的工人所形成的强化的社会潜力去实现真正的集体性改善。我们在第五章概述经济人类学领域最近的马克思主义研究，然而马克思的原著本身就值得认真关注。马克思运用政治经济学家的基本分类——价值、劳动、土地和资本，同时借助于他的德国哲学训练和对法国社会思想的熟悉，将新秩序描述为商品化了的社会关系的一个客观体系。这个经济还在为它所关涉的所有人确立一个总的主体性维度，那是此前被限于商人计算的思想意识。在马克思看来，经济首先是生产。在他的早期作品里，马克思颂扬了一个有关工作的乌托邦理想，这是通过抨击下述社会事实来呈现的：在当代条件下，人正在越来越疏离于他的工具、他的工友和他自己的劳动，因此他"作为人的存在"被异化了。在后期作品中，马克思（Marx 1859, 1867）将生产性劳动视为任何为资本创造价值的东西。商品是抽象的社会劳动：它的最高形式是资本。只有一种商品能增加价值，那就是劳动，资本进入生产组织的历史意义由此产生。当市场成为社会再生产的主要手段时，货币资本与司法自由条件下雇佣劳动的结合激发了积累和生产力的革命。

在著名的"前资本主义的经济形成过程"的重要段落中，马克思提出了人类历史的构想，他将资本主义视为最后的熔炉，它会消灭那些将我们和我们与动物共享的进化历史连接起来的种种社会形式：

> "生产的原始条件是不能先行自我生产的。我们需要解释的不是活的、积极的人类与他们在自然中新陈代谢所需的

自然、无机条件之间的统一,也不是这个历史进程的结果。我们必须解释的是人类生存的无机条件与这种积极的生存之间是如何分离的,这是一种只能在雇佣劳动和资本的关系中才能充分完成的分离。"(Marx 1973: 489)

在实现这个分裂的过程中,资本主义使一个充分摆脱对自然的原始依赖的人类社会得以出现。因此,资本主义是那个新社会的助产士。以地球为实验室,资本主义之前的人类进化有两个显著进程:最初动物群体的个体化,以及社会生活与其最初的发源地的分离。

马克思关于历史上一系列生产方式的思想是粗略的。经济对前资本主义社会形式的决定作用总是间接的。在他的经济人类学中,阶级只发挥次要的作用。《共产党宣言》(Marx and Engels 1848)清晰指出了前资本主义社会中阶级、财产和秩序的繁多和混乱。只有当商业逻辑进入大量的生产活动时,资产阶级和无产阶级之间的阶级斗争才成为主导性问题。

马克思的人类学是工业资本主义的一种特殊理论,它把现代视为世界历史的转折点。马克思没有将工业资本主义作为西方社会的一个例子做案例分析,而是认为工业资本主义引发了一系列事件,必定会将其余的世界带入它矛盾的逻辑之中。从这个角度看,拒绝非西方社会的自发进化不是种族中心主义的行为,因为历史已经那么做了。因此,对马克思而言,经济人类学是资本主义生产模式的一组分析概念,因为有了对资本主义之前和资本主义之外世界的了解而被修改。一些学者认为马克思的伟大之处在于他和恩格斯给他们的维多利亚资本主义研究赋予了很好的历史维度。另一些学者认为《资本论》（Marx 1867）是避免了辩证历史主义和早期经济学文献中主观性的一部科学文本。无论如何，后来几乎没有作者能够达到甚或接近于马克思关于整个人类历史的洞见。

五　基于民族国家的资本主义及其后续发展

如果说资本家在击败军事土地所有制的早期斗争中拥抱了工人阶级，那么他们成功地将千百万农民从封闭的乡村吸引到新的工业城市的行为却制造了新的社会控制问题，并且引发对其基本阶级同盟的重新评价。其结果是出现了我们称之为"国家资本主义"的民族－国家与工业资本主义的结合：在享有共同文化的国家公民的社会中，通过其中央官僚体制对货币、市场和积累进行制度性管理尝试。直到此时，"经济"一词才以我们今天所熟悉的词义进入民间话语。这是和作为资本主义组织之主导形式的大公司逐渐兴起联系在一起的。从本质上说，这是德国哲学家黑格尔在《哲学原理》（Higel 1821）一书中给出的方法，此书对马克思有着巨大的影响。黑格尔认为，只有国家权力才能控制资本主义的过量，而市场则是限制政治权力的滥用。他总结说，应该由受过教育的官僚精英为国家利益管理市场。很久之后，社会学家马克斯·韦伯（Weber 1922b）在德国历史上莱茵兰资本主义与普鲁士官僚制度的结盟经验中认识到这种综合，这是水上城市商业与军事地主制相同成分之间的现代合作关系，它造成了整个农业时代的两极分化。国家资本主义依然是我们这个世界的主导性社会形式，即使在最近几十年已经被新自由主义全球化做了重要的

第二章　从古代世界到互联网时代的经济

修改。

全球化本身并非新鲜之事。19世纪20年代已经见证了交通和通讯的革命（蒸汽轮船、大陆铁路和电报），它果断地打开了世界经济的大门。与此同时，一系列政治革命赋予领先的政府以制度性手段来组织工业资本主义。资本主义（该词正是此时进入大众话语）一直依靠大量金钱的拥有者和那些制造并购买产品的人之间的不平等契约。如果工人拒绝工作，或者购买者没有付款，这个契约就借助有效的惩罚威胁来发挥作用。产品拥有者不能独自实施这样的威胁，他们需要政府、法律、监狱、警察甚至军队的支持。从美国的国内战争到日本的明治维新和德国的统一，19世纪60年代的政治革命依赖资本主义和官僚精英之间的新联盟，以此形成有能力管理工业劳动力，并且控制那些已经接管主要城市大片区域的犯罪集团的国家。

政府很快就为大公司的运作制定新的法定条件，通过一场官僚革命开启大众生产和消费的进程。第一次世界大战之后这样的国家系统变得普遍，但它很快陷于经济大萧条和另一场世界大战。自由主义经济学家，主要是凯恩斯（John Maynard Keynes），呼吁政府开展干预以调节混乱的商业周期。社会主义的计划经济走得更远，然而无论东方还是西方，都对奖励和风险做了重大的修改。我们遵循历史学家艾瑞克·霍布斯鲍姆（Eric Hobsbawm 1994）的做法，把国家资本主义的发展高峰确定在1948—1973年。这是一个强势政府和经济扩张时期，"发展"的理念（在富裕国家的帮助下贫穷国家变得富裕起来）取代了殖民帝国。美国总统理查德·尼克松在下台前不久宣布，"现在我们都是凯恩斯主义者"。他反映的是一种普遍的信念，即政府有责任为了全体公民的利益管理国家资本主义。

除了倚靠新的统治阶级联盟，国家资本主义还着力调动所有阶级的公民，尤其是新的城市工人阶级加入到现代化经济建设中，这意味着走一条高工资、高生产力、对工会和工作场所的民主给予一定政治支持的道路去实现工业资本主义；这也意味着要发展国家教育体系，以便在一个越来越依赖复杂机器的工业经济中提高工作标准；建设福利国家，使之能够在某种程度上满足所有公民对社会安全、健康、住房和交通的需要；通过再分配税收、失业救济和所有地区公用事业平等定价的手段，控制市场造成的财富不平等。

在当今全球资本主义阶段，互联网提供给人类一条途径去挣脱土地短缺的限制。的确，这是挣脱各种形式的资源和空间的束缚。然而，拥有环境、金钱和人类创造力的阶级之间，基本的分界线依然存在。曾经由土地贵族行使的领土控制权现在大部分已经转移至国家政府手中。国家寻求方法从自己辖区内部和跨辖区的所有货币交易中收取税费，还从公共财产，如矿产财富中提取相当可观的租金。这在更大程度上得力于过去一百五十年官僚制度的进步；但是现在这已经变得更为困难，因为价值来源正在从汽车制造厂和市区购物中心转移至以光速进行跨境操作的商品交易之中。以前，强制性转移体系（对物质资产的税收和租金）可以因为保卫所有人的经济安全而获得正当性。但是新保守主义的自由主义者对这条原则的批评至今已持续三十年。

资本家也走过了漫长的道路。他们吸收并最终战胜了工人提出的挑战。从20世纪80年代开始，倡导自由市场的自由主义为他们的胜利提供了证据。但是关于资本和国家之间的关系，现在

第二章 从古代世界到互联网时代的经济

争议越来越大。货币永远有国际维度，今天主导世界资本主义的大公司已经不像以前那么显著地与自己的来源国捆绑在一起。直到最近，世界经济一直被几家具有不确定的国家忠诚度的西方公司所控制，但是现在，亚洲资本主义的发展正在迅速改变所有这一切。

资本和民族－国家的现代联盟既造成了冲突也促进了合作。与20世纪早期伴随洛克菲勒（J. D. Rockefeller）等垄断者崛起的反托拉斯立法潮流相比，今天的政府以较弱的力量来限制微软和谷歌这类公司的经济力量。现在，公司对租金（来自依法获得的财产性收入）的依赖程度至少相同于对商品销售利润的依赖。这意味着经济的主要积累任务已经从工人身上转移至消费者身上，至少在富裕的国家是如此。我们在第八章展示这是如何在经济人类学中得到反映的。各国政府为获得以税收为形式的商品价值而展开竞争，但是销售、租金和税收的支付必须依赖法律制度和真实的惩罚与威胁才能完成。到目前为止，大公司尚无办法放弃政府这个执行者，但随着市场的规模越来越国际化，公司与政府之间的这种联盟受到怀疑。

在这种情况下，我们其余人处于什么境况？如果说马克思和恩格斯认为，普遍利益就是与资本家所拥有的机器捆绑在一起的工厂工人群体的不断壮大，那么今天，北大西洋地区大部分人都是以消费者的身份参与经济的。经济机构首先意味着拥有购买力。有些人认为，尽管传统工业衰败了，工会依然是开展有组织抵抗大规模商业发展的最大希望之所在。国家资本主义曾经强化这样一种普遍的信念，即社会是一个有固定点的地方。但是今天，互联网让我们看到了一个更多元的由移动网络构成的社会版本。作为个体和压力集团的广大日常用户的共同利益在于避免不合理的调控,以保有他们平等交换的经济收益。也许,虚拟网络正在促进一个与政府和大公司相对的新大众阶级的出现。这样的一个阶级会期望自己作为人而非群众被对待。

互联网经济的主要参与者是政府、公司和我们这些大众。旧时代土地贵族的利益已经转变为领土主权国家依据其法律专家所称的"征用权",以惩罚为威胁,收取税金和租金的强制能力。资本主义利润集中至一小撮巨型跨国公司手中,其利益在于维护商品价格,面对支付抵制依然能保证得到财产性收入。普通人作为具有个性和代理能力的个体,在互联网上平等地交换服务。数字革命极大地降低了长途交易有关信息的价格,使这些具备已知历史记录的个体得以进入数个市场,尤其是信贷市场。毫无疑问,政府和公司彼此需要,但是他们的利益却远远不是一致的。他们都可能容易受到自觉利用互联网资源颠覆其垄断地位的民主运动的影响。我们在第八章会转回探讨这些可能性。

六 结语

我们看到,希腊词 oikonomia 是指一个家庭在实际事务上强制推行秩序的做法。经济理论的目标是通过节俭、精心预算和尽可能避免交易去实现自给自足。这个理想在欧洲一直坚持到工业化时代的黎明。但是在过去几千年,尤其是过去两个世纪里,经济不断向前发展。亚当·斯密的知识革命将人们的注意力从家庭秩序转向了"政治经济",特别是转向了劳动分工和市场。其后发生了两件事情。第一件,市场很快便由掌控着大量资源的公司

第二章　从古代世界到互联网时代的经济

所主导，形成一个用钱赚钱的体系，最终被称为"资本主义"。第二件，国家以全民利益的名义要求权力，以管理货币、市场和积累。这是为什么今天"经济体"通常以民族-国家为它的首要指示对象。

然而，经济一词的用法还是很灵活的。我们可以说，几乎所有的集合体，从国家联盟，如欧盟，到地区、公司和家庭，都有经济。世界经济问题最近开始侵扰公共意识。在其过程中，经济已经主要用于对市场交换的货币关系的指称，即使我们还没有忘记它的旧词义，即收支相抵、高效保存资源。因此，经济一词本身包含了这一历史转变。但这还不是全部。经济主要是主观的还是客观的，这个问题根本没有清楚的答案。经济是指心灵的态度还是外在的某物？它是理想的还是物质的？是指个体还是集体？也许所有这些问题有待回答，我们需要探索它们之间的联系。如果说工厂的革命使经济的重心从农业转移到了工业，那么现在，经济在极大程度上被网络空间里快速移动的电子符所形塑。让全世界贫穷者获得物质必需品的供应依然是最迫切、最重要的责任；但是对于越来越多的人，聚焦于经济生存已经不再有太大的意义——而退出市场意义更微小。经济这个概念在核心意义上的不确定，不仅反映了历史尚未结束，而且也反映出当代经济活动中存在的巨大差异。

有一个方法可以摆脱这种概念上的混乱，即保持经济的原始定义，同时将它用于越来越被市场所塑造的世界。那么"经济"的实际意义和比喻意义就是"整顿自己的家务"。市场与这个观念相符吗？这应该提醒我们亲属关系在社会中的核心地位。如果应付外面的世界要求我们每个人都有高度的自给自足水平，那么我们就作为家庭成员进入这个世界，并且把我们一生最私密、最长远的战略都建立在家庭这个基础之上。社会结构通过生育、交配和死亡的普通人类结果进行再生产，这个主张强化了对经济秩序的"家计"（householding）维度的重视。亚里士多德的错误之处是想象，家庭会渴望远离市场的吸引，不进入与世界其他地区日益扩大的互相依赖的循环，保持自给自足的状态。节俭可能是有用的美德，但是自给自足在实践中是没有可能性的。

　　经济历史就是这样的一个进程，家庭被归入更大的社会单位（王国、城市、国家、世界），在那里，秩序原则在更大范围的应用中有了新的意义。采邑、修道院、寺庙、皇宫都是将家庭原则延伸到更大社会的方法，它们每一个都是经济思想和实践的创新熔炉，现代制度依然在借鉴。如果说经院学派的自然神学使"经济"成为宇宙秩序的神圣原则，那么在封建社会的隙缝里发展起来的城市则资助了它们自己的"资产阶级"阶段的经济发展。之后，民族-国家成为经济的主要载体；直到最近，"世界经济"已经不再只是修辞格。拓展社会界限的能动力量是市场（虽然战争和宗教依然发挥着作用）。这当然不是以社会的名义控制市场或将市场奉为社会发展的唯一途径之间的二选一，而是有其他更多内容在里面。

第三章　现代经济学和人类学的兴起

约翰·斯图尔特·穆勒（John Stuart Mill）与卡尔·马克思一起被视为古典政治经济学的最后代表。虽然自那以来马克思主义已经朝着自己的方向发展了，但是从19世纪70年代开始，穆勒功利主义的自由主义（1848）重塑成为新古典主义范式，今天依然定义着经济学。这场变革有时候被称为"边际革命"，其核心内容是1871—1874年由威廉·杰文斯（William Jevons）、卡尔·门格尔（Carl Menger）和利昂·瓦尔拉斯（Leon Walras）分别在曼彻斯特、维也纳和洛桑独立开创。这是一场新古典主义的革命，原因在于它依然奉市场为经济福利增长的主要来源，但它不再固守经济价值是商品的一种客观属性，且不同的阶级为此争斗这样的古典主义观点，而重点关注追求自身效用最大化的个体的主观计算。这个观念后来成为大家熟知的"经济人"假设，当然无论是穆勒还是最早的边际主义者都没有使用过这一表达。该词的拉丁语形式（*Homo economicus*）体现了20世纪早期开始的方法论个体主义在社会科学中的兴起。此时，经济活动的政治维度和社会学维度被隐藏了起来。价值不被视为社会均值，而是一个"边际"增量，需要参照参与者的全部资产。因此，一美元之于一个只有十美元的人而言比对一个百万富翁更有价值。

阿尔弗雷德·马歇尔（Alfred Marshal）在《经济学原理》（1890）中整合了这一新的范式。标签的转变还象征着政治经济学与家户管理之间的对立宣告结束。自此以后，企业和家庭被认为享有一个共同的经济逻辑。经济学家效仿弗朗西斯·埃奇沃思（Francis Edgeworth）的研究（1881），开始更多地依赖数值计算方法，虽然没有达到今天的程度。马歇尔的新古典主义经济学受到了从门格尔学说发展而来的奥地利版本的挑战，并且通过路德维希·冯·米塞斯（Ludwig von Mises）和弗里德里希·哈耶克（Friedrich Hayek），为最近几十年的新自由主义政策打造了思想基础。

当这些新的发展在经济学领域展开，即试图将其转化成以假定的普遍原则为基础的一门演绎科学时，爱德华·泰勒（Edward Tylor）、路易斯·亨利·摩尔根、埃米尔·涂尔干（Emile Durkheim）、卡尔·布歇尔（Karl Bücher）和其他学者研究来自各自不同知识议程的新民族志材料的相关性。主要的经济学家对他们的成果大多不抱任何兴趣，最大的例外是马克思。在晚年，他对"民族学"研究自信地做了笔记。其成果是恩格斯撰写的一部著作（1884），该书在很大程度上吸收了摩尔根的见解（Morgan 1877）。摩尔根密切关注财产，但是没有具体分析生产系统和交换系统。与其他同时代的领先研究者一样，他接受的学术训练是法律而非经济学。泰勒（Tylor 1871）对生计的主要模式和技术进步的阶段只做了非常浅显的描写，最后一代维多利亚"摇椅上的"人类学家[1]也没有做得更多。由于早期的民族志专家对经济

---

[1] 指仅分析二手材料而未进行实地调研或田野调查的人类学家。——译者

并没有一个清晰的概念，因此他们无从在此话题上贡献新的理论主张。

然而，这些进化论者中即使是经济学导向最轻微的学者也对经济生活有隐含的观点，偶尔他们会明确地表达。1909年，已经因《金枝》（Frazer 1890）而闻名遐迩的詹姆斯·弗雷泽（James Frazer）以财产为主题做了一场讲座，他提出了一个与摩尔根和恩格斯不同的观点。根据他们的观点，财产规则是阶级冲突的基础。弗雷泽持有相反观点，他认为，显然是奇风异俗，如对某些物件的禁忌和对超自然制裁的恐惧，经常"加强对私有财产的尊重，而且……由此对安全享有私有财产做出了贡献"（Frazer 1909：17）。这个讲座文稿发表在子标题为《论迷信对制度发展的影响》的文集中。财产规则被现代进化论者用来作为例子解释他们的"制度"观念，我们在第五章对此有论述。

在下文中，我们简要概述当时领先的国家传统对后来被称为经济人类学的领域所做的一些开创性贡献：德国、英国、美国和法国。

一 德国传统

在德国，不同学科背景的学者不满足于对物质文化进行简单的描述，对经济根源问题和技术决定论做了相当活跃的研究。他们很多人都把工作置于重要位置：工作是人类自我实现的核心还是人类对劳作有天然的厌恶？当时马克思关于这个主题的早期哲学著作尚未出版。但是，德国社会主义运动的强大力量是一个引领因素，它甚至引领马克思和恩格斯的历史唯物主义的反对者也将生产方式研究置于优先地位。德国学者往往强调不同国家所走的特殊历史道路。马克斯·韦伯的第一个学术职位是国民经济学（*Nationalökonomie*）教授，这属于经济学专业，但它拒绝接受英国政治经济学家倡导的普遍主义，而是设计了新的分类法以解释经济的进化。

一个富有影响力的分类法就是卡尔·布歇尔提出的三阶段理论，卡尔·布歇尔是一位多才多艺的经济史学家，他把新的民族志材料融入他关于德国和欧洲历史的广博知识之中（1901）。布歇尔想象，原始人是偶然地、个体地寻找食物的。经济历史本身的第一个阶段是随着家户作为前工业社会生产和消费的关键协调单位的出现而实现的。这个主张被俄国农业经济学家亚历山大·恰亚诺夫（Alexander Chayanov）在他的当代俄国农民的研究中所接受（Chayanov 1925），之后被卡尔·波兰尼在他关于"家计"的讨论中所接受（Polanyi 1944），再后来被马歇尔·萨林斯（Marshall Sahlins 1972）在他的"生产的家庭模式"的模型中所接受（见第四章）。事实上，和亚里士多德一样，布歇尔强调生存导向型的生产系统具有"封闭"的、自给自足的本质。他为此受到很多批评。

但是布歇尔也承认交换，尤其是礼物馈赠，在建立人类经济中的巨大重要性。他看到，交易起源于社会调控的习俗中，而不在物物交换的天然倾向上（正如斯密所假设的）。只有在经济进化至后来阶段——城市国家阶段（布歇尔曾用有关中世纪福兰克福的研究对此进行了说明）和当代的国民经济（*Volkswirtschaft*）阶段，市场才变得更加重要。即使在这些时期，我们都必须看到市场经济是如何被它的社会环境所塑造的。例如，布歇尔在他早

第三章 现代经济学和人类学的兴起

期的一篇论文中论述了在他的故土德国，圣诞节消费是如何受到好客和舒适（Gemütlichkeit）这样的文化概念所激发的。他还以三个不同历史阶段以及它们之前最初的自然阶段的材料为基础，针对工作进行广泛的写作，谨慎辨析不同的集体工作方式，揭示不同方式对经济效率的影响。在一项著名的研究中，布歇尔提出，劳动过程的节律，尤其是唱歌，缓解了工作的辛劳（1890）。通过给工作增添更多的愉悦，这样的音乐陪伴能支持更高水平的合作和更好的经济效率。但是布歇尔并没有声称这种行为的最终依据就是功利主义的效率。

19世纪90年代，布歇尔和古代历史学家爱德华·迈耶（Eduard Meyer）之间就卡尔·洛贝图斯（Karl Rodbertus）三十年之前发表的有关"家庭"（oikos）的论文出现了分歧（Harry Pearson 1957）。布歇尔支持洛贝图斯的观点，认为古希腊经济是在完全不同于当代德国资本主义原则的基础上组织的。他遵循色诺芬和亚里士多德的观点，认为古希腊经济是以家户管理为基础的（见第二章）。迈耶则指出在雅典及其他地方，存在着为国际市场生产产品的彻底的现代资本主义企业。在柏林经济史学家和维也纳门格尔边际主义拥护者之间展开的更广泛的"方法论之争"中，新经济学所标榜的为追求人类福利提供一个普遍性基础的立场难以获胜。布歇尔持有中间立场，他赞同门格尔崇尚科学的缜密，但是认为要把同一套理论运用于每一个不同的阶段是不可能的。与大部分其他历史学家一样，他坚持在具体的背景中研究经济生活：市场的原则和新的方法论个体主义并不能解释所有的经济行为，甚至在刚刚统一的德国也做不到。

马克斯·韦伯在他的权威著作《经济与社会》（1922b）中终

止了这场辩论，他提出，除非古希腊是不同的，否则我们不会对它有兴趣；除非我们的知识可以在某种程度上让我们了解希腊人如同了解我们自己一样，否则我们也无法理解希腊。这是黑格尔及其之前康德的辩证法前提——异中有同，而非异同对立。韦伯极为重视康德关于人类官能的二元论，即心灵运作所产生的形式（form）与通过感官获得的对物质世界的实质（substance）或感知之间的分界。他认为，资本主义在形式上和内容上的合理性不止是不同，两者经常是矛盾的。会计工作的利润"底线"可能导致，的确也常常导致经济失败（失业之类的），其代价便是人的生计被中断。作为一名自由主义者，韦伯赞同新经济学的主观个人主义，但是作为一名社会学家，他无法低估以它的名义带来的人类灾难。德国传统中的这些热烈争论有部分原因来自德国和奥匈帝国之间争夺德语世界领导权的较量。第二次世界大战之后，美国经济人类学中"方法论之争"再次出现，那便是"形式论－本质论之争"（formalist-substantivist debate），对此我们在第四章予以阐述。

经济人类学这个新生学科在德语国家中的其他杰出人物有奥地利人理查德·图恩瓦尔德（Richard Thurnwald）。他以民族志田野工作为基础的令人印象深刻的学术贡献，因为1945年之后德语学术研究边缘化而在英语世界大部分被遗忘。与布歇尔一样，在他看来，原始经济学关涉"社会事务"，经济行为一定不能降低到效率的最小公分母（Thurnwald 1932）。他也谨慎强调缺乏货币和机器的经济与由货币和机器主导的经济之间的区别。第一次世界大战期间，在新几内亚参与几次远征之后，图恩瓦尔德率先提出了"给予和接受"意义上的互惠的重要意义，它是社会组织的基础性原则。后来卡尔·波兰尼使互惠（reciprocity）概念成为他的实质论经济研究路径的一种"整合形式"。他还从图恩瓦尔德那里借用了"嵌入性"（embeddedness）概念，图恩瓦尔德是使用该词的第一人，虽然这个理念已经很频繁地隐含在历史学派很多前人的研究中。后来图恩瓦尔德的名誉因他参与国家社会主义的非洲殖民主义乌托邦的规划而被玷污。事实上，他的参与程度很有限，而且在很大程度上是因为20世纪30年代他未能在德国以外的地方谋得学术职位。

二 英国传统

布罗尼斯拉夫·马林诺夫斯基是图恩瓦尔德的同时代人，而且和他一样是作为奥地利公民被抚养长大的。图恩瓦尔德的经济人类学创始人地位也是在很大程度上依赖于第一次世界大战期间在美拉尼西亚开展的工作，他的具体工作地是在特洛布里恩群岛（Trobriand Islands）。与图恩瓦尔德不同的是，在研究方法上他非常强调在一个地点做精深的田野工作，并且详细描写"有血有肉"的人类个体参与者。他的研究方法的根源是在中欧而不在英国。他在自己的故乡，当时属于奥匈帝国的克拉科夫获得博士学位，其学位论文研究了维也纳实证主义哲学家恩斯特·马赫（Ernst Mach）的著作。马林诺夫斯基还受到卡尔·布歇尔的影响，在莱比锡跟随他学习。他对经济人类学的重要贡献是特洛布里恩群岛系列专著的第一部和最后一部。《西太平洋上的航海者》（Malinowski 1922）专门研究交换，开卷之首便是他关于田野调查方法的宣言。《珊瑚园及其魔力》（Malinowski 1935）是关于工作、技术和财产安排的一部专著。《原始社会的犯罪与习俗》（Malinowski 1926）较少论及经济，但是为普及图恩瓦尔德的互惠新概念做了很多工作。

马林诺夫斯基在被凯恩斯发表于《经济学刊》（*Economic Journal*）上的一篇文章中坚持认为，特洛布里恩群岛人将物品当作礼物进行交换的习性反驳了"经济人"是人的普遍共性的主张（Malinowski 1921）。他以此对经济学家提出了挑战。《西太平洋上的航海者》一书旨在阐明，岛际贸易的复杂体系可以脱离市场、货币或者国家，在慷慨而非贪婪的基础上进行组织。"库拉"（*kula*）交换制度中的礼仪用具在生活于不同岛屿上的交换伙伴之间流转，这也是奉行者以物物交换的形式，经过很多的"讨价还价"交换他们功能性物品的时机。这样的交换行为可以被视为个人在具体的社会文化范围内做出选择，以使其功效达到最大化。然而马林诺夫斯基更倾向于将其"功能主义"理论建立在个人的"生理需求"之上。非常奇怪的是，作为一位实证哲学出身的学者显然没有看到这种功能主义和经济学家认识论前提之间的密切关系；相反，他更愿意批评一个稻草人：经济人（*Homo economius*）。

《珊瑚园及其魔力》第一卷包含对当地人甘薯园艺的大量细致描写，它吸引读者注意魔咒在生产中的作用。特洛布里恩群岛人生产了远超自己消费能力的甘薯；大量的甘薯仪式化地献给了他们的母系亲属（这种给予被称为 *urigubu*），堆得高高地展示起来。他们很为自己园子的面貌感到骄傲，这就反驳了那种认为"野蛮人"只做维持生存所必需的最少量工作的看法。马林诺夫斯基还注意到合作的重要性；合作远远不只有劳动过程所需的功能，它明显可以服务于更广泛的社会目的。与此同时，正如"库拉"研究已经显示的,很多工作都是个人独立承担的,因此通常有一些个体选择的余地。最后,马林诺夫斯基详细描述了土地制度,他认为,特洛布里恩群岛人持有土地和使用土地的方法既非个人主义的,也非集体主义的,而是两种方式共存。确实,这些财产关系是理解他们的整个社会组织的关键。这个结论表明他与主张私人财产必然增长的进化理论分道扬镳。后来,在英国关于其他地区土地制度的研究中,有学者对这个结论进行了改编和完善,主要是在非洲的马克斯·格鲁克曼(Max Gluckman)。

在《珊瑚园及其魔力》的一则附录中,马林诺夫斯基坦陈,他只描述当地人的传统活动,却无视政府官员、传教士和商人在何种程度上与他们合作,进入新的殖民体系,因此他已经背叛了自己的民族志研究的原则。后来,他不再研究"部落经济学",转而支持殖民地"应用"人类学的兴起。他似乎将英帝国内"间接统治"的原则理想化了,之前他对自己的成长地奥匈帝国也是如此。很多新的应用人类学研究是在非洲进行的。艾萨克·沙佩拉(Isaac Schapera)是最早探索劳动力迁徙对班图社群影响的研究者之一(1939)。奥德丽·理查兹(Audrey Richards)写了一部出色的研究著作(Richards 1939),揭示了北罗得西亚(今赞比亚)的乡村地区因为铜矿需要雇佣劳动而造成男性劳动者缺失,致使这些地区承受很大的压力。罗兹-列文斯顿研究所(Rhodes-Livingstone Institute)成员撰写的有关铜带地区的大量研究作品显示,在殖民时代的后期,人类学家是可以调整他们的学科去研究因殖民际遇——马林诺夫斯基通常称之为"文化交往"而产生的种种变革的。这为人类学家参与研究后人称之为"发展"的问题铺平了道路。我们在第六章继续探讨这个故事。

马林诺夫斯基关于人类学的成熟设想并没有将该学科局限于研究殖民地环境中的野蛮人，它还接受"古老文明"的乡村社会为研究对象。在其居住于伦敦，走向职业生涯最后阶段之时，马林诺夫斯基指导费孝通进行题为"中国的农民生活"的研究。通过对长江三角洲地区一个村庄的分析，费孝通对贫困和不平等问题得出影响深远的结论（Fei 1939）。去世前不久，马林诺夫斯基就墨西哥的乡村市场开展了合作研究，他对人们投入于价格协商的努力做了表述，其用语使人想起几十年前他在特洛布里恩群岛分析过的礼仪性物物交换（Malinowski and de la Fuente 1982）。

与理查德·图恩瓦尔德不同的是，马林诺夫斯基成功地建立了一个新的学派，它在20世纪中叶的几十年里主导了英国的人类学研究。直到此时"社会人类学"才最终取代了"民族学"，成为这个新学科的确定名称。马林诺夫斯基的功能主义最终被拉德克利夫-布朗修改（Radcliffe-Brown 1952），他对经济学鲜有兴趣，在田野调查方面也成就平平，但弥补这些的是，他就社会人类学作为一门社会的比较科学的宗旨提出了纲领性宣言，这一流派逐渐被熟知为结构-功能主义。与此同时，马林诺夫斯基在伦敦经济学院关系最为密切的同事是此前在自己国家新西兰进行经济研究的雷蒙德·弗思（Raymond Firth）。弗思关于毛利人的第一部专著（Firth 1929）广泛地利用了德语文献。但是，20世纪30年代伦敦政治经济学院的主导性思想范式是经济学家莱昂内尔·罗宾斯（Lionel Robbins）对于新古典主义经济学的重建，他将新古典主义经济学视为关于短缺条件下选择的研究。较之于图恩瓦尔德，弗思对这个新的正统观念有更强烈的兴趣。在后期工作中，他主要致力于揭示现代经济学概念和工具的广泛有效性。在"原始的波利尼西亚经济"研究中（Firth 1939），弗思认为他已经解决了马林诺夫斯基提出的"伪问题"，他相信蒂寇皮亚（Tikopia）岛上居住者之间的复杂的社会责任并不减损"理性的经济选择"的基本解释能力。在这个意义上，他值得被视为第一位"形式论者"，这个术语会在下一章得到更详细的解释。弗思用经济学的基本类型组织他的论著章节。但是为了理解任何特定的行为模式，他不得不详细地描述社会背景。最后的成果是一部内容丰富的经济制度的民族志描述，略带有理性选择的言辞特色。

三 美国传统

弗雷泽和马林诺夫斯基广泛使用，而欧洲经济学家很少使用的"制度"概念，是这个阶段北美经济学研究的中心问题。在索尔斯坦·凡勃伦（Thorstein Veblen）和约翰·R. 康芒斯（John R. Commons）的带领下，制度主义经济学家推广了经济科学的另一个更清晰的政治版本。在一系列著名著作中，凡勃伦（Veblen 1899, 1904）认为新古典主义经济学是一种意识形态，不是"进化科学"；而康芒斯（Commons 1934）比所有其他人都做了更多的工作，采用翔实的实证主义研究方法来取代新古典主义意欲完成的事情——揭示市场应该如何理想地发挥功能。到这个时候，经济大萧条已经摧毁了自由市场的可信度：寻找途径重建公众对银行系统的信任比改善一个远离经济现实的微观经济理论更重要。那些需要尽快解答的问题是具体的，而不是笼统的。密歇根州可以通过什么法律来促使汽车更快地驶下装配线？在这个阶段的美国,制度经济学家的人数是新古典主义经济学家的三倍。

人类学的最强学派就是以纽约哥伦比亚大学为基地的弗朗茨·博厄斯学派。该学派成员非常善于收集经济的有关数据,他们在对文化的每个其他方面进行记录时也是如此。博厄斯本人极大地丰富了我们关于财产毁灭的知识,这是美国西北岸印第安夸扣特尔人(the Kwakiutl Indians)的夸富宴(*potlatch*)习俗的突出特点(虽然后来有研究揭示,这种财富毁灭在殖民主义的冲击之下程度更强)。然而,他们对19世纪进化主义范式的反感使博厄斯学派的人无法就经济与社会之间的关系建立理论。梅尔维尔·赫斯科维茨(Melville Herskovits)编撰的《原始人的经济生活》(Herskovits 1940)是一部已经发表的资料来源汇编(第二版以《经济人类学》为题于1952年出版),其宗旨是吸引经济学家关注科学民族志的积累性成就。美国人类学家不像他们的欧洲同行那样尊崇自由主义经济学,这是可以理解的,虽然赫斯科维茨也以经济学家熟悉的标题组织他的材料,他甚至提出"既然土地、劳动力和资本是非工业化经济中永远存在的力量,那么很显然,它们必须产出一些回报"(Herskovits 1952: 303)。但是他也从凯恩斯、凡勃伦甚至马克思等学者那里吸收观点,还依据从"无文字的种群"那里收集的民族志证据对经济正统进行自由的批评。

墨西哥农村为缺乏地域广袤、部落丰富的海外帝国的美国人类学家提供了便利且有趣的田野调查地。他们特别关注印第安原住民社群,往往强调他们的保守主义。跟随赫斯科维茨和弗思学习的乔治·福斯特(George Foster 1942, 1948)就"原始"传统和"民俗"传统写有两本专著,以此开辟了墨西哥的经济人类学研究。第一本书对经济决策的社会与文化背景做了复杂严谨的分析，他使用导师所提倡的术语，被认为是做理性主义的分析。后来福斯特凭借他关于农民"有限利益形象"的论文而名声大噪。这个观点认为，生活中好的东西被认为是稀少的，因此一人的获得就可能是另一人的丧失。这似乎为墨西哥及其他地区的农民不愿拥抱新的经济机会提供了一个看似合理的文化解释（Foster 1965）。从一开始研究者就认识到这些社群是陷入在可以追溯至西班牙殖民时代的更大的权力体系之中的。与费孝通研究的中国农民一样，墨西哥的村庄与城镇，最终与整个文明有着非常复杂的政治和经济的联系。博厄斯的学生阿尔弗雷德·克鲁伯（Alfred Kroeber）解决了这个困惑，他提出，墨西哥村庄是"部分社会，部分文化"。这个观念被芝加哥的罗伯特·雷德菲尔德（Robert Redfield）接受，为做"农民研究"的下一代研究者提供了动力。雷德菲尔德关于特波茨兰（Tepoztland）村庄的专著早在1930年就已出版，1948年出版了关于尤卡坦的研究。但是他对该领域的主要影响来自20世纪50年代他提出的"城乡连续体"，他将农民的村庄与"大传统"、与城市连接起来，乡村社会是城镇的一部分（Redfield 1956）。

四 法国传统

马歇尔·莫斯的《礼物》（1925）渐渐被公认为开创性地批判了马林诺夫斯基融合英国和中欧个人主义传统的做法。布罗尼斯拉夫·马林诺夫斯基证实了美国西北海岸的夸富宴在美拉尼西亚群岛也同样非常流行，莫斯对此深受鼓舞，但是他认为货币和市场是普遍的人类现象，而马林诺夫斯基则特意说明"库拉"交易圈与这两者是对立的。根据马歇尔·莫斯的观点，资本主义社会中看到的客观经济形式只是最近的发明。他对经济个人主义的抨击主要强调，在所有社会之中，包括我们的社会在内，交换具有个人、社会和精神的维度。他的人类学研究与一个相当明确的政治计划联系在一起（就如同他的"摇椅上的"同事卡尔·布歇尔的情况一样，与图恩瓦尔德和马林诺夫斯基的情况都不同），但他的论文引起了非常不同的解读。只有到后来，《礼物》才被广泛接受为莫斯的杰作；借助于两个版本的译文，以及由克洛德·列维－斯特劳斯和马歇尔·萨林斯激发而写的一部二次文献，《礼物》才被吸收进英语世界的经济人类学，但是即使这样，他的一些激进的思想常常未被关注。

如果说经济这个概念主要是以英语为语言的人对理解当下世界的贡献的话，那么"社会"以及像"社会学"和"团结"这样的同源词则主要来自法语，其传统可以追溯至卢梭。因此在法国，无论是人类学还是经济学都没有与社会学清晰地区分。埃米尔·涂尔干在自己身边组织了一个团队，编辑出版《社会学年刊》（*Annee Sociologique*），弗朗索瓦·西米昂德（Francois Simiand）和莫里斯·哈布瓦赫（Maurice Halbwachs）都给这本学刊投送过经济分析的稿子。在他第一部也是最有影响力的专著《社会分工论》（Durkheim 1893）之中，涂尔干尝试建立现代经济学的社会基础。通过专业化途径实现经济进步是亚当·斯密建立的英国经济学的核心内容。一个世纪之后，经济个人主义思想成为进化论的基石，赫伯特·斯宾塞（Herbert Spencer）的社会达尔文主义一时成为得胜的西方资产阶级影响力强大的思想体系。涂尔干修改了这个乐观的目的论，他阐释劳动分工是一个分与合的辩证过

第三章 现代经济学和人类学的兴起

程，不仅社会借此变得更强大，个人的行动范围也得到扩展。英国强调在市场中须签订个人契约，这掩盖了"契约中的非契约因素"的存在，它们使经济成为可能的社会粘合剂，是法律、国家、习俗、道德和共享历史的结合，社会学家的任务就是使其更为清楚可见。个体是社会发展的结果，而非英国神话所说的，是社会发展的来源。

《礼物》是涂尔干著作的直系后继作品，明确以契约的非契约因素为论述重点。莫斯不承认自己受到卡尔·布歇尔的任何教益，曾以一种不屑的口吻在两处脚注中提到他（还误拼了他的名字）。他总结性地批驳了两种声称能解释契约之进化的功利主义思想：一是"自然经济"，斯密关于个人以物易物行为具有原始性的观点；另一个观点是，原始社群是利他主义的，但是最终遗憾地屈服于我们自私但是更高效的个人主义。莫斯不认为当时的趋势是以共产主义国家取代市场，他坚持认为个人自由和社会责任之间的复杂关系与人类状况是一致的，而且市场和货币具有普遍性，虽然不是其现有的不具人格的形式。

莫斯使用了法语的某个封建时期的残余词汇，指称他所调查的一系列主要存在于古代印欧族之中的古代契约形式，这个术语"prestation"（呈献）无法翻译成英语。"呈献"是义务提供的一项服务，类似于替代监狱服刑的"社区服务"。根据莫斯的观点，最古老形式的交换是在整个社会群体之间进行的，涉及人们可以为对方制作的所有东西，他称这个阶段为"整体呈献系统"（systemems de prestations totales）。但是他最感兴趣的是一种或许由此演化而来的交换形式，根据美国西北海岸的例子命名为"夸富宴"。这些形式的礼物交换行为包含了不同群体领导者之间的激烈竞争。莫斯的引导性问题是:"在一个落后的或者古老的社会,是什么合法性规则和自我利益规则迫使人们对接受的礼物给予回报?被赠物品中存在什么力量,使接受者将它偿还?"(1990:4)他很少将这个赠送和回馈过程称为"互惠"。广义地说,他的答案是,所有地方的人都发觉礼物的人格特质具有说服力,人类尤其容易受到礼物所包含的最广泛的社会和精神纽带的影响。

莫斯的主要结论是,为私人契约创建自由市场的企图是乌托邦性质的,就像其对立面——仅仅建立在利他主义思想上的集体一样不可实现。所有地方的人类制度都建立在个人与社会、自由与责任、自我利益与关怀他人的统一之上。现代资本主义和经济学建立在对其中某一极不可持续的依附之上,要重建人类平衡需要开展一场社会革命。如果我们不被意识形态蒙蔽双眼,我们会发现"呈献"系统在我们的社会里依然存在——在友爱的社会中,它出现在婚礼上、圣诞节里,但是也会以更官僚的安全保障形式存在,甚至以工资契约和福利制度的形式存在。莫斯在其政治新闻中所倡导的自下层开始的经济运动——专业协会、合作组织、互助保险——是见之于古代社会宗教中的现象的世俗版,也是《礼物》所表述的中心现象的现实版。在某种意义上,这些就是"整体社会事实",它们涉及了整个社会及其所有制度——法律的、金融的、宗教的和审美的制度。

"正是通过考虑整体我们才能感知什么是本质的,万物是如何运行的,我们才能察觉鲜活的方面,察觉当社会或人在情感上意识到自己以及自己与他人之间相对关系时稍纵即

第三章 现代经济学和人类学的兴起

逝的瞬间……在我们看来，没有比这项关于所有社会事实的研究更紧迫、更富有成果了。"（Mouss 1990：102）

当马林诺夫斯基叙述西太平洋地区的当地冒险家、古代英雄传统的继承人的故事时，他遇上了一批愿意倾听的读者。特洛布里恩群岛上的"库拉"交易圈以及他们的美拉尼西亚邻居为读者提供了一则关于世界经济的寓言。这里的文明覆盖很多小岛，通过交换珍贵饰品而完成的国际贸易使每个小岛都有能力为自己提供体面的生活。在这里，"经济人"不但缺席，而且被揭示为被西方丢失的世界的一个穷酸而心胸狭隘的继承人。所有这一切令马歇尔·莫斯非常兴奋，但是他认为马林诺夫斯基走得太远了。他固执地认为，特洛布里恩群岛上的"库拉"珍品不是货币，因为它们没有作为交换中介和价值标准的功能（Malinowski 1921）。但在一个长长的脚注中，莫斯坚定捍卫一个更广的概念：

"根据这一推理，只有当珍贵的东西……真正变成通货——即真正被刻上记号，被抽去人格性，脱离与任何集体或个人法律实体的联系，除却铸造它们的国家之外，那么货币才存在。人们只以这种方式定义另一种货币——我们的货币。"（Mouss 1990：127）

莫斯提出，原始的珍贵物品像货币，原因在于它们"有购买力，而且有一个数字固定在这种购买力上"（同上）。他还批评马林诺夫斯基复制了商业的自我利益与免费礼物之间的资产阶级对立，但是后来很多人类学家都把这种对立归因于莫斯本人。

莫斯的著名论文需要与他为其党报《人民报》(*Populaire*)所写的关于1922—1924年汇率危机的一系列文章一起读（Mauss 1997）。既然法国法郎被当作衡量法国国际地位的手段，那么它的稳定性就是一件全国极度关注的事情，法郎贬值时，政治恐慌是屡见不鲜的现象。在讨论我们所称的"市场"时，莫斯用了一种专业选手的口吻。他得出的结论是，造成汇率贬值的原因是市场的恐慌，而不是信托通胀。暴风雨是在每一个方向酝酿生成的："发挥作用的人类现象有：集体心理、无法估量之事、信仰、轻信、信心，所有这些都围绕在一起。"（1924.2.29）他的一篇题为"改革社会的一种手段：操纵货币"的未发表文章提供了这些关于国家政治经济的思考与《礼物》之间的联系（Fournier 2006：212，390，note 105）。在文中，莫斯声称，伟大的经济革命是"以金钱为本质的，操纵货币和信用可以是社会革命的一种方法……没有痛苦和磨难"。他的目的是赋予司法社会主义以经济的内容。

53 　　"在最稳固、最狭窄的谨慎范围内创造新的货币性方法就足够了。接着运用最谨慎的经济规则管理这些方法，这足以使它们在新获资格的受益人中形成成果。这就是革命。以这种方法，不同国家的普通民众就能知道他们可以如何掌控自己——无需使用语词、公式或神话。"（Mauss，摘自Fournier，2006：390，note 105）

莫斯支持对人类经济有务实的、有助于大众日常生活的理解。经过近一个世纪的时间和很多次金融危机之后，这也是我们的观点。

五 结语

经济人类学从民族志研究和与历史研究的并置中发展起来。它得到多种多样的欧洲社会思想潮流的滋养，其中主要是德国和法国的社会主义思想、英国的功利主义思想和法国卢梭以来的批判理性主义传统。马林诺夫斯基和图恩瓦尔德坚信，经济人假设在太平洋地区没有立足之处，虽然前者的著述有时会无意识地支持"经济人"假设这种看法。雷蒙德·弗思认为，他在伦敦经济学院的经济学同事掌握着理解"原始经济"的钥匙。美国人类学家在反思美国国家传统中新古典主义和制度主义经济学之间的分歧时，看法更加摇摆不定的；涂尔干和莫斯开始以尽可能全面彻底的方法颠覆功利主义的主导地位。

在多数早期旅行者看来，原住民的交换行为孩子般地缺乏稳定性，他们毁坏珍贵的财产，习惯于非规律性地工作，为非物质利益不遗余力，与欧洲的理性主义标准似乎是矛盾的。在对19世纪后期以来的德国民族学的一份详尽综述中，希斯·皮尔森（Heath Pearson）（2000）诙谐地将这种看法所表现的特征描述为"错误人"（*Homo Erroneous*），作为"享乐人"（*Homo gustibus*）的表亲，享乐人是一个人类主体，被赋予了与新古典主义理论中的个人享乐主义相反的心理构成。最终，这两种刻板印象都让位于"古经济人"（*Homo paleoeconomicus*）。根据这一理论立场，"原始人"的经济行为，扣除环境和技术上的差距，与现代西方个体是相似的。表面上看来矛盾的经济行为模式是可以与"经济人"前提达成调和的，必须做的只是在没有什么储藏设施的地方抛弃时间贴现的概念，并承认缺乏发达市场和货币的社会风俗的限制。人类学家常常并不比当地人更有一致性，雷蒙德·弗思在不同时期信持过每一种理论立场。

在19世纪70年代至20世纪40年代，经济学和人类学都经历过重大变化。它们有不同的专业化进程，前者以掌握数学技术为形式，后者则注重地方语言的学习，这使得这两类从未特别靠近的学术群体渐行渐远。马林诺夫斯基对经济学家的挑战被错误评价，极易被他们无视。莫斯的"摇椅上的"推测很多年都不曾在自己国家之外的地区得到重视。弗思和赫斯科维茨认为，关于原始经济学的文献迅速增多，这为利用新古典主义经济学的类型进行比较分析提供了正当的理由。然而这项工作一直没有开展。相反的是，用希斯·皮尔森的话说，第二次世界大战之后，"经济学和人类学经历了一场丑陋而冗长的离婚程序"。但是首先它们何曾结过婚？如果结过婚，那么这场婚姻为何始终没有圆房？

第四章　经济人类学的黄金时代

回顾往事可见，第二次世界大战后的数十年经历了一段在当时看来并不明显的统一时期。世界上的主要工业化强国，在倡导公共开支和国际合作的美国的带领下，一起设计了世界历史上最长时间的经济发展。那是大学，尤其是社会科学的巅峰时期。因此，经济人类学在这个阶段变得兴旺发达也许就不会令人吃惊了。这个沸腾时期的焦点是"形式论－实质论之辩"。

就其所受的专业训练而言，实质论学派无可争议的创始人既不是经济学家也不是人类学家，甚至很难被清晰地划归前一章所综述的任何一种国家传统。为了将经济人类学建立成一个自觉的智识群体，他比其他任何人都做了更多的工作。于是，卡尔·波兰尼对学术界的轻率分类提出了挑战。他自小就被培养成为一名爱国的匈牙利人，最初在布达佩斯接受法律专业的训练，第一次世界大战期间为奥匈帝国作战，1919年匈牙利革命失败之后在维也纳做经济新闻记者。他的代表作《巨变》最初于1944年出版。该书主要记叙19世纪英国"自由市场"的发展以及社会对市场主导经济生活这一前所未有的现象做出的反应。该书带有波兰尼于20世纪30年代在英国的生活痕迹，在伦敦他从未在大学任职，但是为工人教育协会做讲座。后来，从英国移居到美国之后，波兰尼对"古代"社会的经济做了进一步的历史研究。在哥伦比亚大学的跨学科合作使他形成了对人类学家极有吸引力的研究方法。

在下文中我们概述波兰尼的实质论路径，并且指出他的追随者所做的进一步贡献。实质论者开拓了新的视界，但由于他们将大部分当代世界的经济现象排除在外而限制了经济人类学的研究范围。与莫斯的情况一样，我们特别关注波兰尼及其追随者对货币人类学所持有的观点。然后我们转向"形式论者"对波兰尼及其学派的回应，这相当于对新古典主义主流立场的重述。最后，我们为这场于 20 世纪 60 年代达到顶峰的论战编制一份资产负债表。半个世纪之后，波兰尼提出的两分法和类型学似乎过于简洁。他的一些假设无法得到更近期的学术研究的支持。但是，当意识形态将人类社会简化为效用最大化的个人，支持自由市场过度延伸，将世界大部分地区拽入危机之时，波兰尼的批评掀起一波新的热潮，这并不令人意外。

一 卡尔·波兰尼与实质论派

在他的开创性文章"经济作为一种制度性进程"（Polanyi 1957b）中，波兰尼提出，"经济的"一词的形式词义和实质词义已经混合了。前者指的是手段-目的的关系，是精打细算的心理过程，而后者关心的是社会对物质所需品的总供应。这场论战使用的术语可以回溯至柏拉图〔在他参与主编的同一书中波兰尼（1957a）承认了亚里士多德对他的研究方法的重要性〕。某物之所以"正式"，是因为它遵循某一主张或规则。"形式"和"实质"在概念上的对立在 19 世纪是常见的，尤其是在当时的德国。

第四章　经济人类学的黄金时代

它是通过卡尔·门格尔和马克斯·韦伯这样的学者进入经济学话语的。"形式论"路径强调思想的有序运作，在此处话题中，即是新古典主义的普遍性主张；"实质论"路径首先关注物质环境的经验性内容，否认这种多样性可以只凭借一组概念就能充分地把握。

形式论者和实质论者都承认市场对经济协调的重要性，但在波兰尼看来，市场原则不应该成为世界经济史中的主要"整合形式"。在《巨变》一书中，波兰尼已经提出，互惠原则、再分配原则和家计原则在工业化前的社会里比市场更重要；在波兰尼的后期作品中，家庭所有制从这组原则消失了（Gregory 2009）。互惠是处于平等地位的人与人之间或者群体与群体之间的对称交换形式，就如在特洛布里恩群岛的"库拉"交换圈一样。再分配体现的则是中心性原则，资源由此通过一个等级体系汇聚起来并再次分配出去，犹如发生在美国西北海岸的"夸富宴"仪式上的事情。这些整合形式可以并列存在，但是还有一个隐含的进化序列。在只有简单技术的"原始"平等社会，互惠原则占据主导地位，而再分配则常常是以储藏剩余物资的可能性和某种程度的社会分层为前提。古代地中海社会就可以为此提供范例，虽然在原则上，再分配也可用于描述成功猎人对其猎物的分配。至于市场，波兰尼始终贬低它在19世纪欧洲发生巨大变化之前的重要性。与卡尔·布歇尔一样，他更倾向于亚里士多德强调的通过自给自足的家庭（oikos）实现对福利的追求，而不是亚当·斯密假定的人类具有"以物易物"的自然习性，以及因此产生的后果——把所有的价值降低为功利主义的演算。在原始的、古老的社会，市场是存在的，但它们尚不能威胁到经济在更广阔的社会体系中的整合

("嵌入")。他们管理下的价格在很长时段内都特别稳定,同样的还有利率水平。商业活动被集中于特殊的"贸易口岸",对大部分人几乎没有或者完全没有直接的冲击。

在波兰尼的历史哲学中,工业化造成的破裂——最重要的是,维多利亚时代的英国为自由的雇用劳动创造市场——导致了经济的脱嵌。市场原则以这种"乌托邦"的方式晋升为经济整合的主导形式是注定要失败的。社会不能容忍以土地、劳动和货币的"虚构商品"形式进行自然、人类和社会本身的买卖,因此它会设法保卫自己。波兰尼界定了一个"双向运动",一方面是"自由放任"的经济学,另一方面是对"自由放任"的社会抵制,在19世纪的英国,这些抵制包括宪章运动、行业工会和国家保护主义。由此产生的动力不可避免地导致了20世纪的危机和世界大战。波兰尼指出,应该为这些恐怖事件承担责任的市场心态现在是"过时的";确实,美国新政和欧洲福利国家的巩固一起带来了一个社会民主制的新时代,人们期望它永远终结对市场的错觉。

波兰尼不是一个田野工作者。他关于经济的实践知识大多是在20世纪20年代的红色维也纳获得的。第一次世界大战之前,波兰尼与马林诺夫斯基一样研读过恩斯特·马赫的哲学著作。波兰尼毕生疯狂地阅读,他的人类学理论在很大程度上是以他阅读布歇尔、马林诺夫斯基、图恩瓦尔德和莫斯著作时做的笔记为基础的。他自己进入人类学家领域的主要尝试是一项历史研究,其成果为《达荷美与奴隶贸易》(Polanyi 1966),而非洲则是他的主要追随者开展田野调查的主场地。保罗·博安南(Paul Bohannan)之前曾跟随赫斯科维茨研习过人类学,乔治·道尔顿(George Dalton)最初接受的则是经济学训练。他们一起编纂了具

第四章 经济人类学的黄金时代

有里程碑意义的文集《非洲的市场》(1962)。他们在该书中说明，虽然非工业化的非洲社会有许多种集市，它们通常有重大的社会、政治甚至宗教意义，但是与其他整合形式相比，这些地方始终是"次要的"。出口型经济作物的种植新模式造成的结果是，现代市场原则地位上升，这必然会逐渐动摇这些传统市场以及它们所服务的社会。

博安南是关于尼日利亚提夫人（the Tiv）最著名的实质论人类学研究的主要负责人。在这部与劳拉·博安南（Laura Bohannan 1968）合作的研究作品中（Bohannan and Bohannan 1968），他们吸收了原住民文化分类以获得对提夫经济的理解，同时引入波兰尼成熟的三重类型学（互惠-再分配-市场），以实现跨文化的比较研究。在他的达荷美研究（Dahomey）中，波兰尼坚持区分"一般目的的货币"（我们的货币）和"特殊目的的货币"，他声称后者在非工业化世界享有广泛的流通。博安南（1955，1959）发展这个观点以阐明在提夫人之中存在着独立的"交换范围"。生计物品、奢侈品和表达最高社会价值的物品在独立的分区内流通，因为它们是不能比较的。殖民主义制度引入了西方货币，这是一场灾难，因为它摧毁了屏障，得以在这些不同的范围之间进行交换。这个故事已经逐渐成为人类学的热门案例，是每个学生都要学习的材料，尽管历史学家抨击这个故事不符合事实，很多不同的人类学家认为它在理论上幼稚且带有误导性。

尽管如此，在货币问题上的实质论理论是在莫斯质疑马林诺夫斯基对这个问题所采用的研究方法之后出现了最系统化的发展，因而值得我们重视（第三章）。我们已经指出，波兰尼将货币列为三种虚构的商品之一："真实的货币只是购买力的一个标志，通常不是被生产出来的，而是通过银行或者国家金融机制产生的。"（Polanyi 2001：72）在此，他几近提出使用货币的自由市场导致了买卖社会本身。与这个路径一致的是，波兰尼倒置了货币起源于物物交易的自由主义神话：

> "的确，这一实例中的逻辑与经典教义的基本逻辑几乎是对立的。正统理论的教义从个人对物物交易的倾向性开始，由此推断出劳动分工和当地市场的必要性，然后是贸易，最后是对外贸易甚至是远距离贸易的必要性。以我们的现有知识来看，我们几乎应该颠倒这个论证顺序：真正的起点应该是远距离贸易，这是由物品的地理区位和特定区位的'劳动分工'造成的结果。远距离贸易常常引起市场的发展，市场这个制度涉及物物交易的行为，如果使用货币的话，会涉及买卖行为，最终，但不是必定，会给一些个人提供机会，让他们放纵自己所谓的讨价还价的习性。"（Polanyi 2001：58）

因此，货币和市场的最初起源就在于扩展社会使之超越地方核心的努力。波兰尼相信，货币就像它密切相连的主权国家一样，常常是从外部引进的。这就是为什么旨在将经济与政治分开并且将市场归化为社会内部的东西的制度性企图具有颠覆性的力量。

波兰尼区分了货币的"象征"形式和"商品"形式。象征货币的设计宗旨是促进国内贸易，商品货币则是促进对外贸易，但这两个系统常常发生冲突。经济的内在维度和外在维度之间的紧张关系经常会导致严重的商业无序状态。因此货币：

第四章　经济人类学的黄金时代

"不是一种商品，它是购买力；货币本身根本没有实用性，它仅仅是一个计数器，代表着对可购买物品的量化拥有权。显然，如果一个社会的分配是以拥有这种购买力的象征物为基础的，那么这个社会与市场经济是完全不同的结构。"（2001：196）

1931年国际金本位制度的最终崩溃是商品货币和象征货币之间毁灭性脱钩行为造成的一个后果。这个分析支持了波兰尼关于国际贸易在大萧条时期的崩溃以及在世界大战中的毁灭性结局的解释。

世界大战之后波兰尼回到这个主题的研究，此时他不再进行激烈的论战，而是关心如何启动人类学家和历史学家对未工业化的经济体的比较研究。在"货币物品与货币用途"（Money objects and money uses）（1977：97—121）一文中，他表达的主要观点是只有国家垄断货币才集合了支付、标准、储存和交换等功能，这使他们能通过有限的几个"全用途"象征物品来保持这样的功能组合。原始的和古代的货币形式把不同的功能附着在不同的象征物品上，因此应该被视为"特殊用途"货币。

波兰尼的追随者将这个观点运用于非西方地区的研究。博安南将他在提夫人中界定的几个"交换范围"设置为一个等级体系，每一个交换范围内通常只能在同类物品之间进行交换。最低等级的交换物品是由食物和家庭用品这类生活必需品构成的，它们在当地市场上小批量地交易。然后是种类有限的名贵物品的远距离交易，大多由长老控制：布匹、牛、奴隶和铜条。在这个交换范围内，铜条有时被用作价值标准和交易手段。最高等级的交换范围是人的权利的交换，尤其是妇女，理想的则是姐妹，她们在男性主导的亲属群体之间以婚姻的形式被交换。只在同一范围内交换的准则有时候会被打破，但是向上跨越范围的交换很受赞赏，而向下跨越范围的交换则是丢脸的。全功能货币的缺失使上述两种跨范围交换都难以进行。生活必需品分量大、价值低、运输不易、储藏困难。名贵物品则在各方面与此相反。购买一个奴隶需要多少豌豆？货币出现之后，所有人都可以小批量地出售任何东西，将钱积攒起来购买名贵物品，根据自己的主张进入婚姻交换圈，而无需考虑长老的意志。这似乎表明，现代货币的技术性品质就足以动摇一种生活方式。

如果我们把交换范围的概念运用于西方社会，情况会是如何？正如阿尔弗雷德·马歇尔（Marshall 1890）在启动现代经济学的一本书中所写的，现代消费者根据某种文化价值尺度给商品确定等级是常见的。在其他方面相等的情况下，我们通常不愿意被迫出售昂贵的耐用消费品去支付日用品账单。我们喜欢去获取精英地位的象征品，如一流的教育。如果你问英国人，一辆BMW值多少卷卫生纸，或者用多少橘子能购买伊顿公学的教育，他们会认为你是疯子。然而，所有这些东西一直都是用货币购买的，持续时间之久超出了我们的记忆。因此，现代货币带来的普遍可交换性与否认一切商品皆相当的文化价值观是相容的。英国古老大学的看门人坚持认为，他们称之为智识贵族的进入通道是无法购买的。

这给了我们一条线索去理解交换范围的逻辑。各地的精英统治者宣称不能购买阶级地位；金钱和世俗权力应该服从于世袭的

第四章 经济人类学的黄金时代

职位和精神的领导。然而在现实中我们知道，金钱和权力很久以前就获得了进入精英阶层的途径。相对于所有其他阶级，有一个阶级依然在抵制这一认识，这就是知识分子阶级。因此，我们向提夫人的长老们看齐，和他们一样抱怨现代货币的腐蚀力，徒劳地坚持传统文化应该盛行。

自称为实质论者（却不易被划归至任何一个学派）的最后一位研究者是马歇尔·萨林斯，他汇编的《石器时代的经济学》（Sahlins 1972）一书收录了 20 世纪 60 年代新写的论文和其他文章。此前萨林斯已经凭借其关于大西洋的研究而确立了自己的声誉，该研究以进化论视角为框架，检视"大人物"和酋邦的出现。他放弃了这些研究，一度投入实质论理论阵营，在《石器时代的经济学》的开场白里为其读者展示了鲜明的二元论：

"'形式论与实质论'之争相当于做以下这个理论选择：或是选择正统经济学，尤其是'微观经济学'的现成模型，它们被认为是普遍有效的，'大体上'可运用于分析原始社会；或是发明一种更适用于有关的历史社会和人类学思想史的新的分析方法——假设前个选项的形式论立场没有根据的话。广义地说，这是商业视角和文化主义研究视角之间的选择，选择前者是因为形式论方法必须将原始经济视为我们自己经济的欠发达版本，选择后者是因为作为原则，文化主义研究尊重不同社会本有的样子。"（Sahlins 1974: xi-xii）

这部汇编的首篇论文改编了美国最后一位伟大的制度经济学家 J. K. 加尔布雷思（J. K. Galbraith）的一个著名标题，文中提出食物采集者属于"原初丰裕社会",原因在于他们远非生活在贫困之中、为生存而抗争,他们比大多数耕种者做更少的工作,享受更高的安全。此书有几章专门论述礼物、原始贸易和普通交换。萨林斯提出了一个互惠类型,一端是"普遍化"互惠(即长期开放式的相互性,就如家庭中存在的),另一端是"负性"互惠(例如盗窃)。在两端之间是"平衡"互惠,这个类型的互惠最接近卡尔·波兰尼在他的互惠定义中所强调的对称关系。这个分析引起了一些混乱,部分原因是标准的市场交换也被定义为一种负性互惠的形式。书中最长的一篇文章分成两个部分,探讨"生产的家庭模式"问题。这是家庭(oikos)理论的马克思主义版本,它更多地来源于亚历山大·恰亚诺夫的著作,而非任何一位卡尔(马克思、布歇尔或者波兰尼)的研究。《石器时代的经济学》是经济人类学黄金时代最炫目的顶峰,它混乱的信息预示着接下来几十年的荒野状态。无论如何,萨林斯很快对这种状态的经济人类学失去了兴趣。他后来发表的关于消费的西方文化(Sahlins 1976)和西方经济学主张的宇宙哲学根源(Sahlins 1996)等论文是以克洛德·列维-斯特劳斯的结构主义理论,而不是形式论-实质论之辩为框架的。

二 形式论者

如果说在 1940 年梅尔维尔·赫斯科维茨希望在人类学家和经济学家之间开展对话,那么风险经济学中开创性著作(1921)的作者富兰克·奈特(Frank Knight)很快就在他的书评中表达了不同意见。奈特确信,非专业人士不能理解经济学的原理——至

第四章 经济人类学的黄金时代

少他的分支原理。他以抨击拉尔夫·林顿（Ralph Linton）的夸张言论开始：

> "林顿教授说：'……原始人的经济问题从本质上说与我们的问题是相同的，其中有很多问题甚至可以在原始社会得到更好的研究，因为它们以更简单的形式显示自己。'……他根本不知道自己在说什么。"（Knight 1999：108）

事实上，赫斯科维茨的确对"机器与非机器社会"做了对比，但是他也试图说明，古典类型的经济学应该延伸至非机器社会，他批评经济学家不承认自己的文化局限性。奈特认为，"盈利的买和卖"并不像赫斯科维茨似乎想的，是美国"商业企业"最主要的特色，"不具人格的态度（它将讨价还价排除在外！）和雇佣劳动才是真正具有区别性的"（同上：109）。然而，他的批评主要与认识论有关。其他的社会科学，包括制度经济学在内，是经验性的，只有新古典主义经济学才

> "有效地以推理为方法，从清晰而又抽象的规则中，尤其是从直观知识中得出结论。……经济行为的概念理想被认为是规范的理想，至少在有限的范围内是这样，总体而言，人们通常……希望使他们的活动和组织更'高效'、更少浪费……。试图通过归纳式调查去发现或验证经济法则的人类学家、社会学家或历史学家，其实已经开始了一场徒劳的追逐。经济原理甚至是无法被近似验证的——不像数学原理可以通过计数和衡量得到证明。"（同上：111—13）

65　经济学原理无论运用于何处都是一样的，但是经济学家应该谨防自称人类学家，而人类学家在把经济学家视为文化无知而摒弃他们之前，最好先了解经济学家知道什么。

赫斯科维茨将奈特的评论和他自己的回答一并收录在其著作的第二版。他依然认为，"比较经济学"是两个学科都应该贡献力量的一个项目。他反对视所有科学为可以单纯地依赖推理和直觉，或可以对事实漠不关心；他显然不认为自己已经输掉了论战。人类学家也继续放任自己延续奈特所抱怨的做法，但同时经济学正在快速地将自己重建为一门实证科学。战争对于组织的要求使经济学学科在20世纪40年代在杨·廷伯根（Jan Tinbergen）和佳林·库普曼斯（Tjalling Koopmans）这两位荷兰人的领导下，进行了一场数学革命。世界大战后，经济学家的地位上升到史无前例的学术霸权位置，这正是由这些计量经济学方法和越来越复杂的信息处理器所推动的。奈特直觉型和规范性的经济推理方法逐渐显得过时。为真实世界建模的愿望取代了它的位置，经济学家们用一套令人眼花缭乱的定理、图表和数据宣告了他们对公共领域的新的掌控。第二次世界大战对战后主流意识形态的形成发挥了孵化器的作用。在战争中发展起来，同时在几条战线上作战的运筹学，在冷战初期发展成为一个带有新古典主义经济学的逻辑和修辞的系统与游戏理论的融合（Mirowski 2002）。这种综合体支持了经济学不可逆转地走到了西方，尤其是美国的公共话语中心。

与以波兰尼为首的实质论者不同，被称为形式论者的经济人类学家并没有一位开创性的领导，他们通常认为，自己是将提炼

第四章　经济人类学的黄金时代

的主流经济学工具应用到不熟悉的环境中，而不是开创一个新的范例。对他们来说，核心概念在原则上适用于任何地方，因为他们是根据个人在稀缺条件下所做的选择来定义经济学的。因此，他们将理性自我主义的逻辑扩展到被实质论者视为不恰当的环境之中，因为在那里，互惠和再分配是占据主导地位的一体化形式，而不是非人格化的市场。例如，波兰尼大量使用马林诺夫斯基的特洛布里恩群岛材料，展示经济是如何深深植根于当地的社交网络中的。但是形式论者可以很容易地重新解释这些材料以验证标准的新古典主义假设。在缺乏先进的技术与储存设施的情况下，积累生产资料不是一个选项。马林诺夫斯基证明，特罗布里亚人生产的番薯比他们能消费的要多得多，其目的是为了向邻居展示这些番薯，并履行其对母系家族的义务，这与现代经济学家的效用最大化假设是一致的。遵循新古典主义经济学的传统（尤其是 Robbins 1932），罗宾斯·伯林（Robbins Burling 1962）坚持认为人类学家需要承认选择和最大化的普遍性。

　　非工业化的家户是探索这些不同方法的好场所。我们已经看到，马歇尔·萨林斯重新解读了俄罗斯农业经济学家亚历山大·恰亚诺夫（Chayanov 1925）的研究，以支持他自己关于家庭生产方式的概念。俄罗斯农民家庭生产了他们赖以生存的大部分食物，几乎不需要通过市场获得其他商品，他们的行为不像利润最大化的资本主义公司。当物价上涨时，资本主义公司有增加生产的动机，而农民家庭则可能会减少产量，因为他们付出较少的努力就可以获得所需的收入。然而，当物价下跌时，农民可能不得不比以前更加努力地工作，以达到他们的收益目标。但是，这些对市场信号截然不同的反应，仍然是以耕种多少土地、付出多少努

67 力的理性决定为基础的。恰亚诺夫认为，这可以根据家庭内部劳动者和消费者之间的平衡来进行解释：要养活的年少者和年长者越多，其他家庭成员就要工作得越辛苦。这套方法与列宁的分析（1899）是矛盾的，列宁坚持认为俄国农村的分化主要是资本主义渗透的结果，而恰亚诺夫的方法则是以奥地利边际主义的假设和技术为基础的。

当然，对于那些强调波兰尼所界定的经济的另一个意义的实质论者而言，被蒙蔽的是形式论者。狩猎采集者和其他拥有非常简单技术的人往往工作量不大，而许多农民从早到晚只知辛苦劳作，知道了这一点之后，如何将稀缺性的假设推广到所有的人类行为？形式论者可以回应说，只要给予机会，原始丰裕社会的成员就会最大化他们的休闲选择。新古典主义"显示性偏好"的假设使他们可以声称，无论消费者做出怎样的选择，他们肯定是在最大化他们的个人效用。当形式论的方法导致更高层次的模型建立时，它们变得更有趣一些。这里的问题是，社会如何制定规则，使个人的理性行为有利于社会的再生产。然而，这种转变打开了潘多拉的盒子，即使是更具创造力的形式论者也感到困惑。当艾伦·约翰逊（Allen Johnson）从形式论的角度审视农业决策时（1980），他发现即使是最复杂的数学模型也无法准确地预测农民最大化的是什么，所以进一步的民族志知识是必不可少的。

形式论者并不缺乏自己的辩论家，最令人难忘的是斯科特·库克（Scott Cook），他戏谑波兰尼的追随者，称他们是"过时的反市场心态"的受害者（Cook 1980）。哈罗德·施耐德（Harold Schneider）在《经济人》（1974）一书中对形式论立场进行了综合。

68 他的经济分析最终建立在普遍的功利主义之上，这种功利主义有

第四章 经济人类学的黄金时代

时可以微小到少女计算是否接受一个吻这样的水平。在这个时期，从弗里德里克·巴特（Fredrik Barth 1966）那里获得灵感的一种新的"交易主义"蓬勃发展起来（正如弗思很久以前所做的那样），它表明即使是复杂的制度背景也可以通过功利主义框架来分析；但是这对政治行动研究的影响超过了对经济人类学的影响。理查德·索尔兹伯里（Richard Salisbury）的著作《从石头到钢铁》（1962）讲述了新技术引入后新几内亚的经济转变，说明形式论前提与丰富而细致的民族志论述并不矛盾。

事实上，尽管一些形式论者为推广"最大化个人"的普遍化修辞，牺牲了对体制环境的敏感性，但情况并非总是如此。虽然在中美洲和南美洲工作的一些美国人类学家描绘了一幅农民保守主义的图景，例如乔治·福斯特（George Foster）在1965年提出的"有限利益"概念中所呈现的，但是，正是形式论者提请人们注意地方社会关系对于理解经济结果的重要性，包括社会不平等的再现。曼宁·纳什（Manning Nash）和弗兰克·坎西亚（Frank Cancian）都在墨西哥高地契亚帕斯（Chiapas）的印第安人社区工作，在那里他们记录了一种被称为货物（cargo）的仪式系统的经济因素。加入这一系统是获得高级职位和社会声望的基本途径，但这需要大量的物质支出。因此，仪式在社区中发挥了平衡功能，它抑制生产资本的个人积累；但是，研究者仍然可以建立模型去发现，个人生产者如何在其特定的社会背景下作出选择，以及这些选择如何在不同群体之中形成模式。纳什（1961）发现，拥有较少土地的阿马特南戈家庭（Amatenango）更愿意将更多的精力投入到陶器生产中，这在需要现金做庆典（fiesta）准备的时候表现得尤为明显。他发现墨西哥农民的理性水平不比其他任何地方的人低（也没有更高）。此外，正如马林诺夫斯基与德·拉·富恩特（de la Fuente 1982）已经发现的那样，他们对市场价格非常感兴趣。如果说墨西哥市场经济不同于资本主义市场，那是经济组织中的次要差异导致的结果，例如，作为主要的经济行为者，家庭远比公司更有重要性。

坎西亚（1965，1972）发现，吉纳坎坦（Zinacantan）社会中最富有和最贫穷的阶层确认了农民保守主义的刻板形象，那些介于这两者之间的人则更愿意冒险采用创新技术来提高他们家庭的地位。后来，在新马克思主义者的批评下，坎西亚展示了玛雅社区在农业耕作上的变化如何反映更广泛的社会和政治制度的变化，以及这些变化如何导致旧的"货物系统"（cargo system）的崩溃。这一框架的扩大并没有使他收回他的形式论方法，因为他认为所有决定最终仍然是最大化的个人所作出的。

这种类型的工作非常符合现代化理论在发展研究领域的范式，我们将在第六章做更进一步的探讨。哈罗德·施耐德（Harold Schneider 1970，1974）没有低估坦桑尼亚经济现代化的困难，但是他相信，促进市场和私有财产的发展是可取的，因为图鲁人（Turu）就是"经济人"实例，只要消除文化对个人的目标导向行动的限制，他们对自己的生活就会有更好的掌控。一些现代化范式的早期信徒不久就抛弃了它，特别是克利福德·格尔茨（Clifford Geertz）。其他一些继续从事经济人类学研究的人发现，对经济学的认真了解增强了他们工作的可信度。形式论逐渐分解成了多个专门研究方法，这些方法从信息论、博弈论、成本－收益分析、理性选择、农业发展以及主流经济学的一系列其他分支学科吸收滋养。到了20世纪80年代，许多美国大学都认为，经济人类学家应接受更高的经济学训练，而不是继续之前的愚蠢做法。

三　结语

卡尔·波兰尼出版于1957年的学术论文集更清晰地划分了他最初在《巨变》一书中所阐述的学术分野。前工业化社会是以保证社会秩序得以存续的互惠与再分配制度为框架的，而工业化社会则是抽象地由"市场"主导的去地方化（脱嵌）的经济，其中个人决策居于支配地位。人类学家和历史学家可从具体的经验角度研究前工业化社会，而经济学家的方法更适合对工业化社会的研究。换言之，经济学家可以保持他们在现代社会中的知识统治地位，而实质论者在努力建立他们的方法与异域社会或消亡社会之间的关联性。形式论者则更愿意在各处看到抽象的个人主义。

当然，这是方法论之争的重演（第三章），一方声称经济总是相同的，另一方则宣称经济总是不同的。20世纪70年代论战停歇，预示着工业社会的诞生确实带来了一场大变革，不过辩论的停止只是临时性的。乔治·道尔顿合谋了经济学和人类学的学术分工，由此将波兰尼的论点推向了它们的逻辑结论，这实质上是承认了人类学家不该研究那些驾驭着现代世界的社会。但后续发展并非如此，自那以后，即使关于最复杂的现代市场的运作方式，人类学家也有很多话要说，而形式论的决策模型和理性选择理论仍然适用于曾被视为"原始"或"古老"的社会。简而言之，结束形式论与实质论之辩的妥协并没有持续下去。

那么，波兰尼目前的学术立场是什么？他对当时可获得的"原始经济学"文献的阅读是有选择性的。他强调了马林诺夫斯基、图恩瓦尔德等民族志作者提醒人们关注非功利性动机和社群调控的相关段落，却忽视了关于当地人的算计及其对劳动力精打细算的证据，而这些证据实际上是可以用来支持形式论立场的。波兰尼无疑夸大了古代社会中市场的缺失。土地和劳动力这些"虚构商品"在工业化前的经济体中曾有许多先例。经济学家和形式论人类学家可能将所有这些变形归因于浪漫主义或社群主义世界观，甚至归因于将"社会"与"市场"简单对立的二元论观点。从另一个角度看，文化相对主义者可以指责波兰尼只提供粗略的类型学，却没有触及当地的细节层面（尽管这不能用来指责像博安南夫妇那样的弟子）。新马克思主义者抨击他交换特权，而且未能解决生产方式问题。不可否认的是，波兰尼很少关注工作和阶级冲突，他的互惠概念不能很好地契合狩猎采集社会：缺乏储藏设施的平等社会似乎更依赖于再分配和分享，而不是互惠性的相互交换，而这一点与波兰尼类型学中所包含的进化论是不一致的。

尽管存在这些弱点，卡尔·波兰尼针对经济问题的制度研究路径的多元性被证明具有持久的吸引力。他仍然是一位有影响力的甚至是能够启发灵感的人物，2008年开始的经济危机使他的著作有了半个世纪前缺少的主题性。得到更多人的再次赞赏确实让这位在职业生涯中相当长的一段时间里从事经济记者工作的人感到欣慰。从考古学到社会学和社会哲学，从古典研究到国际政治经济学，他的工作继续影响着大量的学术成果。在经济人类学，这个20世纪60年代他最为人熟知的工作领域，他的名字变得不那么引人瞩目了。然而，在下一章我们将展示，尽管标签已经改变，但是实质论者和形式论者所持的基本立场可以一路追踪至今日。现在如同当时一样，一些学者看到了两极立场之间存在实用主义妥协的可能性，而另一些学者则坚持认为，这些不同立场之间的差异是范式性的，它们就像前殖民地提夫人所宣称的不同交换范围一样不可通约。

第五章　形式论与实质论争辩之后

形式论者和实质论者之间在战后几十年的辩论并没有耗尽经济人类学领域的全部力量。一些主要人物决定不加入这些论战。玛丽·道格拉斯（Mary Douglas 1962）对自己在中部非洲莱勒人（Lele）和布松人（Bushong）族群的工作进行了比较分析，萨林斯（Sahlins 1972）援引了这项分析以支持他关于部落社会生产不足的实质论主张，那时道格拉斯已经转向，正以自己的方式批判性地接触经济学（见第八章）。埃德蒙·利奇（Edmund Leach 1961）出版了一部有关斯里兰卡农村产权安排的专著，其中包含了一个明显的功利主义论点，但他更倾向于将他的材料引向当时正在进行的关于亲属关系的辩论，而不是经济人类学的争论。像许多其他人一样，道格拉斯和利奇都放弃了历史研究，以便聚焦列维－斯特劳斯的结构主义理论。

每当人类学转向系统地研究世界资本主义时，都有几位先驱者发挥举足轻重的作用。在美国，莱斯利·怀特（Leslie White）和朱利安·斯图尔特（Julian Steward）分别领导的密歇根团队和哥伦比亚团队继承并发扬了19世纪的进化论遗产，其成员包括马文·哈里斯（Marvin Harris）、埃里克·沃尔夫（Eric Wolf）和马歇尔·萨林斯。西敏司（Sidney Mintz）的方法尤其具有创新性，

第五章　形式论与实质论争辩之后

其著作包括一位波多黎各种植园工人的传记（1961）和关于现代资本主义摇篮英格兰的蔗糖生产、贸易和消费历史（1986）等。

在法国，路易·杜蒙（Louis Dumont）把他对印度的研究和他关于近代早期政治经济在欧洲兴起的历史研究结合了起来，后者的研究受到了他所阅读的卡尔·波兰尼的影响（Dumont 1977）。在英国，杰克·古迪（Jack Goody）受波兰尼的影响较少，因为他觉得波兰尼低估了古代世界中市场交易的重要性。通常而言，有历史倾向的其他同时代研究者至多追溯到16世纪欧洲的海外扩张，但是古迪吸收了马克思主义史前学家戈登·柴尔德（Gordon Childe 1936）对两个关键性转折点的综合——约1万年前开始的"新石器时代（或农业）革命"（非洲参与了这场革命），和公元前4000年至公元前3000年之间的"城市革命"（在此期间没有发生这样的革命）。柴尔德从摩根（Morgan 1877）和恩格斯（Engels 1884）的著作中发展出了自己的基本框架，而这两位则是汲取了卢梭的思想（1754），正如我们在第一章中所指出的那样。古迪的独创性在于他专注于财产的传承，将其与亲属关系和家户组织联系了起来。他展示了在欧亚大陆与"发达的农业"相关联的是财产"纵向"传予男性与女性后代，而在撒哈拉以南的非洲，财产传承更多是通过集体形式的土地保有权和新娘嫁妆来进行"横向"转移（Goody 1976；Goody and Tambiah 1973）。

尽管历史唯物主义对古迪、西敏司、沃尔夫等人类学家有着明显的影响，但对于大多数操英语的人类学家，"马克思主义"仍然是一个有问题的标签。在经济人类学领域重新发现马克思主义，法国学者发挥了决定性的作用，现在让我们把注意力转向他们。

一 马克思主义

20世纪70年代，法国的马克思主义人类学在英语世界享有崇高的地位。倡导者们熟悉形式论者和实质论者之间的辩论，但认为两个阵营都在大战上层建筑的风车，却没有分析其经济基础。最关键的文本是阿尔都塞和巴里巴尔的《读〈资本论〉》（Althuser and Balibar 1965），它将马克思主义政治经济学与列维－斯特劳斯的结构主义方法论和美国的系统论结合了起来。在他们的框架中，人的主体性、辩证理性甚至历史本身都不再受到关注，他们勾勒了理想型生产模式的深层结构，包括生产者、非生产者和生产资料三个要素，所形成的不同组合就是具体的生产方式。研究者非常重视生产方式的经济、政治和意识形态之间的关系，以及在任何特定情况下，哪一种生产方式发挥主导性和/或决定性的作用。阿尔都塞放弃了"社会"这一意识形态概念，转而采用"社会形态"概念。任何社会形态通常都会把几种生产方式结合（或者"接合"）起来。

在人类学对新马克思主义的贡献中，莫里斯·古德利尔（Maurice Godelier）的《经济学中的理性与非理性》（1966）是第一部跨越英吉利海峡的作品。它对波兰尼发起的形式论－实质论之辩提出了相当传统的处理方式，同时声称综合了马克思和列维－斯特劳斯的主张。古德利尔将理性的概念既应用于个人也应用于系统，因而在结构和行动者之间形成了一个他无法解决的矛盾。古德利尔说，马克思主义可以为列维－斯特劳斯的结构增加一种特殊的功能，从而能够对社会制度进行完整的人类学分析。

第五章 形式论与实质论争辩之后

但是，其结果更像一个结构功能主义的生态学版本，而不是马克思主义的。马林诺夫斯基的功能主义主要关注制度如何影响个体，而结构功能主义（此术语与拉德克利夫－布朗和美国社会学家塔尔科特·帕森斯联系在一起）则是通过探究行为对维持社会制度的功能来解释行为。这与马克思和莫斯所提出的更重视动态进程的解释大相径庭。在克洛德·梅亚苏（Claude Meillassoux）、埃曼纽尔·特里（Emmanuel Terray）和皮埃尔－菲利普·雷（Pierre-Philippe Ray）就他们都研究的西非/中非地区的民族志解释进行辩论时，三人都承认自己受益于阿尔都塞（Althusser）的思想。梅亚苏（Meilassoux）的《科特迪瓦的古罗人的经济学》一书（1964）成为研究者共同的重要参考点。梅亚苏在后来的一项综合性研究中（Meillassoux 1981）雄心勃勃地试图比较部落社会、农民社会和资本主义社会的主要积累手段（妇女、食物和资本）。特里（Terray 1972）在一篇重新解读古罗人（Guro）民族志的文章中指出，马克思主义分析往往过于粗糙，给所有的原始社会贴上了大致相同的标签，这就让非马克思主义民族志作者得以参考亲属结构之类的方法来自由地解释它们的特殊性。特里效仿英国结构功能主义者的方法，提出了一种对社会物质基础进行详细分类的方法，从而能够经验性地推断出社会的生产方式，并将具体的细节纳入唯物主义分析。尽管他又撰写了一部西非王国的精细的历史，特里版本的历史唯物主义几乎没有历史。

皮埃尔－菲利普·雷（Pierre-Philippe Rey 1971）对母系血缘、奴隶制和欧洲对刚果之渗透的研究贡献了独创性的文献，与当时盛行的用新术语重述已知问题的马克思主义规范形成鲜明对比。在这部文献中，他概述了他著名的"世系群生产方式"

（lineage mode of production）的观点。此外，他还阐述了"支配性结构中生产方式的接合"，具体说明了殖民资本主义如何为了积累的利益而调整宗族和小商品生产方式的结构。

我们尚有一个谜团未解：应该如何解释这样一小群法国马克思主义者在20世纪70年代对英语人类学产生了不成比例的巨大影响？答案不可能是他们澄清了一些概念，撰写了一些未被翻译的专著。他们的成功可能与法国结构主义所占有的显著综合性立场有关——综合了包括马克思主义在内的德国哲学和英语国家的科学经验主义。这群现代化的马克思主义者结合了系统论，抛弃了辩证法，产生了一个结构-功能主义版本的马克思主义，它与原来的版本有很大的不同，足以使说英语的人相信他们正在学习马克思主义，同时又有足够的相似性，使他们能够保持自己习惯的思维方式，这种思维方式因其在帝国管理中的作用而暂时失去了信誉。

梅亚苏关于古罗人的著作成了寓言故事的宝藏，它让1968年前后法国的多种对立的政治立场得以作为西非民族志的不同解释而获得表达。因此，一个问题是，年长者对年轻人劳动的支配是否应该归因于雷所持有的观点，即通过婚姻交换实现分配控制，还是归因于特里所相信的生产组织？这实际上是巴黎共产党和极左派之间争论的重演。这里的问题是苏联在强调生产资料的国家所有制的时候，它是一个真正的社会主义实例，还是一个国家资本主义社会？虽然斯大林主义者认为它确实是社会主义社会，但是他们的反对者，如查尔斯·贝德尔海姆（Charles Bettelheim 1963）声称，产权关系只在分配的层面发挥作用，更彻底的马克思主义分析必须以生产的组织为基础。从工作程序的管理控制来看，俄

第五章　形式论与实质论争辩之后

罗斯工厂与资本主义公司没有什么不同（见第七章）。毫不奇怪，法国马克思主义内部争论的这些方面被他们的模仿者忽略了。

20世纪70年代的一段时间里，这些主张似乎会给经济人类学带来变革。乔纳森·弗里德曼（Jonathan Friedman 1975）受到古德利尔的影响，也受到伊曼纽尔·沃勒斯坦（Immanuel Wallersteiln 1974）之"世界系统"分析的影响，在对缅甸高地之政治周期进行唯物主义分析的基础上，弗里德曼对利奇著名的缅甸高地研究提出了新的解释。莫里斯·布洛赫（Maurice Bloch 1975a）展示了在马达加斯加拥有不同经济基础的相邻群体为何对财产也有不同的看法，而且相应地，也有迥然不同的亲属模式和婚姻模式。在一段时期里，布洛赫一直坚守马克思主义方法，但他从未对经济有过强烈的兴趣。他继续就意识形态和仪式如何加强政治统治问题写了一些有影响力的著作。其他深受法国马克思主义影响的人也走上了类似的道路。他们回避"庸俗的唯物主义"这个经常被贴在马文·哈里斯的"文化唯物主义"上的标签，而最终结果是他们彻底避开了对生产的研究。到了20世纪70年代末，在约翰·克拉默（John Clammer 1979）出版《新经济人类学》论文集时，马克思主义综合论的希望已经不复存在。

法国马克思主义的泡沫就这样突然破灭了，就像它突然出现在英语国家一样。它没能挺过战后历史的分水岭——福利国家的民主让位于新自由主义。近几十年来，在英语国家，一些孤立的个体接过了火炬，但是他们发出的声音并没有形成一场知识分子运动。令人印象最深刻的成就是埃里克·沃尔夫的《欧洲和没有历史的人》（Eric Wolf 1982）。沃尔夫没有按照流行的规范，作为独立的例子撰写狭隘的受限制的民族志，而是将广泛的人类学知识置于16世纪以来西方资本主义扩张和当地做出反应的全面历史之中。他没有保留具有强烈欧洲中心主义倾向的历史唯物主义的概念词汇，而是创造了一个新的术语"朝贡生产方式"（tributary mode of production），从而结束了关于封建主义概念是否适用于东亚或非洲等地区的日益枯燥乏味的争论。

马克思主义塑造了许多关于农民问题的新的研究成果，这些作品也在20世纪70年代达到了顶峰。拉丁美洲仍然是研究的重点，此时研究界更多地关注农民社区所出现的社会分化的政治方面情况。形式论者弗兰克·坎西亚（Frank Cancian 1965）指出，中间群体（既不占主导地位，也不为生存而挣扎的群体）更有可能成为经济创新者，而沃尔夫（Wolf 1969）补充说，这些群体为无数革命运动提供了先锋部队。这一代的学者不仅展示农民已陷入更广泛的系统，他们还详细分析了农村的生产系统是如何剥削弱势群体的劳动力的，无论他们是在大型种植园、小型农场还是两者的某种结合体里工作（Wolf 1966）。在农民仍然拥有生产资料，或灵活的分成制依然盛行的地区，是不能进行适用于资本主义社会的阶级分析的。当研究者将注意力转向耕作者，试图了解他们在多大程度上意识到自己所受的异化和剥削时，分析的复杂性就更大了。一些马克思主义人类学家特别关注精英群体在地方市场支配价格的权力，也有一些关注国内、国际贸易条件。其他人则对生产领域进行了研究，其中，昔日的形式论者斯科特·库克关于瓦哈卡山谷（Oaxaca valley）萨巴特克砖厂的研究相当引人瞩目（1982）。库克此时已经对新古典主义方法深感不满，他发现马克思主义的"小商品生产"概念使他能够创立带有非常不同的政治信息但是同样严格的模型。在欧洲，尤其是地中海地区，马克思主义对农村社区的分析也做得相当突出。一时间，连对"非洲农民"的识别也很常见了。唐纳德·多纳姆（Donald Donham 1990，1999）对埃塞俄比亚西南部马勒人（Maale）的研究是一个迟到的证明，它证明持英语的人类学家为了撰写细致入微的民族志而精炼马克思主义理论时，他们可以像法国前辈一样精细而富有创造性。

正如我们将在第八章所介绍的，从20世纪80年代早期开始，经济人类学家第一次转向对西方资本主义进行批判性的民族志研究，人们可能认为马克思主义方法与这种转向是高度相关的。然而，即使这些人类学家已经承认马克思主义对自己产生了影响，就像20世纪70年代复兴时期的前辈一样，他们也很少采纳马克思对世界历史的批判性视角。如果最近的资本主义危机激发了马克思主义经济人类学的又一次复兴，我们只能希望马克思对人类历史的经济学观点会比过去半个世纪更具影响力。

二 女性主义

在20世纪的最后几十年里，女性主义处于文化批判的前沿。毕竟，正是20世纪60年代的妇女运动宣布了"个人的即是政治的"主张，并以妇女被忽视、被排斥和剥削为由，对西方制度发起了摧枯拉朽式的批判。这些更广泛的批判落入了人类学的沃土。首先，早期的女性主义者重新发现了恩格斯（1884）和历史唯物主义关于女性不是"天生"从属的观点。父权统治只是随着原始共产主义的解体，私有财产和阶级冲突的兴起而产生的。狩猎－采集专家表明，女性收集者对食物供应的贡献往往超过男性猎人。她们在生产上的自主权体现在更具普遍性的地位平等之上（Leacock 1978）。其次，埃莉诺·利科克（Eleanor Leacock）、玛格丽特·米德（Margaret Mead）、鲁思·本尼迪克特（Ruth Benedict）等学者证明，长期以来，女性在人类学研究领域一直处于平等地位。实事上，这与大多数其他社会科学形成了鲜明的对比。英国女性人类学家奥德莉·理查兹、露西·梅尔（Lucy Mair）、罗斯玛丽·弗思（Rosemary Firth）等人都密切关注了经济活动，包括女性在家户内外的工作。在世界上有些地区，比如西非，妇女作为市场交易者的地位是非常突出的。但是，即使在她们不那么显眼的地方，例如在尼日利亚北部的伊斯兰地区，她们也可以不必离开自己的家庭而在商品流通中发挥重要作用（Hill 1972）。

20世纪80年代是一个解构的十年，传统的现代性范畴变得混乱而不可信。在学院内外，这项任务在极大程度上是由女性学者完成的。一开始，女性主义者指出了将女性从传统的社会描述中剔除的后果。与拿工资的工作相比，她们在家里的工作被视为微不足道。她们据此批评这种以贬低家庭再生产为代价，拔高为市场提供生产的价值导向。因此，女权运动的初始阶段强调，在讨论经济问题时，必须考虑到妇女，给予她们明确的与男性平等的地位。

玛丽琳·斯特拉森（Marilyn Strathern 1972）坚持认为西方的性别刻板印象不适用于美拉尼西亚文化（Melanesian cultures），并以此为出发点，形成了对个人－社会和自然－文化等核心二元概念的复杂批判。一些女性主义者超越了女性应该作为平等者被社会接纳的要求，声称有权根据自己的条件单独发展。针对男人剥削妇女的行为，最好的抵制办法就是单干。1985年，莉赛特·约瑟菲德斯（Lisette Josephides 1985）对斯特拉森早期关于同一个新几内亚高地社会的描述提出了质疑，她的论证基础反映了自20世纪70年代以来女性主义思想总的转变。20世纪80年代，由于黑人女性和白人女性、女同性恋、异性恋女性等女性群体之间的巨大内部差异显现出来，女性作为一个阶级的统一体假设被打破了。莎拉·格林（Sarah Green 1997）对伦敦女同性恋公社的研究，生动有效地凸显了这种发展。玛丽琳·斯特拉森最终质疑了自己对女性主义的依恋，从而在女权运动和人类学之间划分了界限。在所有这些问题上，女性主义者一直站在批判性经济人类学的前沿。最重要的是，她们通过高水准的兼具理论探讨的民族志，开创了对资本主义经济的自反性批判。

女权运动就是这样给早期的学术传统注入了新的活力，并把它们引向了新的方向。妇女在家务和家庭再生产方面的工作必须与男人在家务之外的雇佣劳动一样受到重视，即使妇女们自己达成默契，将"工作"一词只用于男性所干的活。社会学家研究了工业社会中的这些动能，但是女性主义人类学家在其他领域，尤其是在农民研究方面，处于领先地位。恰亚诺夫（Chayanov 1925）将家户当作黑箱处理，暗示关于劳动（"苦差"）分配的决定是双方一致同意做出的。经过了形式论-实质论之辩，女性主义者将家庭作为家长制揭露了出来。所有理论派别的民族志作者都以新的活力继续研究这些问题，各自发现其中的细微差别，使一般范式更加复杂化。例如，在爱琴海的土耳其，棉花是由小农户种植，收获工作可能拖延较久；由于农民试图最大限度地增加收入，经济回报开始不断减少；将女性家庭成员一次次派去小块土地上从事单调而艰辛的劳作，这不是集体的决定，而是男性户主的决定（Sirman 1990）。土耳其政府开始实施一些政策以增加农村收入，例如引入新的品种或者生产技术，这时，额外的劳动负担通常不成比例地落在妇女身上。一些女性主义学者将其与安纳托利亚地区（Anatolia）甚至整个伊斯兰世界盛行的宇宙观信仰联系了起来。然而，更深入的调查显示，农村的不平等问题不只是父权制造成的，还有其他原因。

安纳托利亚东北部的拉齐（Lazi）妇女通常受到她们丈夫的严厉对待。早在奥斯曼帝国时期出现的男性高移民率让妇女接管了男人们抛弃的小农场。她们在家外的生产中地位突出，使安纳托利亚土耳其人认为，这个地区的妇女特别受剥削。但是这种工作可以被看作是性别平衡的标志，而不是相反的。20世纪下半叶，当茶叶作为一种新的经济作物被引进时，绝大部分劳动密集型的采摘茶叶工作都是由妇女完成的。然而在拉齐人中，父权制还不像在当地佃农和来自安纳托利亚其他地方的雇用劳动者中那么显著。在这些陌生人中，劳动力和家庭资金是掌握在男性户主手中的。拉齐人口中的性别关系相较之下更为平衡，这表明生活水平的普遍提高——茶叶生产对此有所贡献——使妇女直接受益。问题是，拉齐农村妇女的状况得到改善，部分依赖于陌生人提供了廉价的妇女劳动力。同样，城市中产阶级妇女往往通过剥削较贫穷妇女的家务劳动来追求事业的成功。这种模式绝非仅仅局限于土耳其（Beller-Hann and Hann 2000）。

在伊斯坦布尔的富裕家庭和小型工作室工作的移民妇女为雇主维护更广泛的经济网络贡献才智，她们往往认为雇主就像亲人一样。企业主鼓励他们工作坊中的妇女，或者那些以计件方式在

第五章 形式论与实质论争辩之后

家里单独编织地毯的妇女与自己建立这种个人关系。他们对美国民族志作者珍妮·怀特（Jenny White 1994）说："金钱使我们成为亲戚。"观察者眼中的剥削并不总被卷入其中的人视为剥削，这是斯特拉森（Strathern 1972）在她的哈根山妇女民族志中的原创观点。

人类学中的女性主义革命是以性别为核心的，但它也产生了一个新的焦点，即性在社会中的地位，特别是在资本主义社会中。哈特（Hart）回忆起很久以前与一位加纳学生的谈话，从跨文化的角度谈论金钱和性。这位学生曾在本国一次聚会上遇到一位年轻的美国女人，聚会后在她的住处共度了一晚。早上离开时，他在梳妆台上放了一些钱作为自己感情的象征，这一举动所引发的暴怒使他猝不及防："你当我是妓女吗？！！"在他看来，现金和礼物没有什么两样，而且更有用。他不知道，付钱是为了把一种关系变成某种不讲人情的东西。在资本主义社会，金钱代表异化、分离、非人格化的社会、外部，它的根源存在于我们无法控制的地方（市场）。与钱无关的关系是保持个人完整性和自由联合的模式，这是我们所熟悉的，是内部的（家的）模式。在实践中，这两个区域始终没有完全清晰的分割，家庭必须通过花钱才能进行消费这一事实增加了无尽的复杂性。

索菲·戴（Sophie Day 2007）解释了公开卖淫为什么以及如何与资本主义社会的道德经济相抵触。在工作中，我们服从于非人格化的组织以换取金钱报酬；在家里，我们通过无偿服务维持亲密关系来表达自己。如果现代资本主义社会鼓励个人培养一个完整的自我，那么这种每天在理想－典型的极端之间摆动的状态就会带来严重的生存问题。难怪那些在家庭之外不知羞耻地用性行为换取金钱的"风尘女子"经常引起道德恐慌。这种明目张胆的文化类别上的混淆极大地阻碍了制度将妇女、性和金钱保持在各自合适的位置。戴揭示了个体妇女是如何调和生活中的公共维度和私人维度的。这部民族志的核心探讨了她们应对个人／非个人生活界限的策略。妇女们不可避免地对公共机构持有批判态度，它们的缺陷和混乱是每日可见的，但妇女们也以极具创造性的方式复制了领域划分的社会规范。她们煞费苦心地将不具人格性质的性接触局限起来，把个人生活置于不同的空间。但是，和其他人一样，这些努力往往是相互矛盾的，划分的界限也常常模糊不清。

如果说 21 世纪初的经济危机揭示了将"公共的"社会简化为"私人的"经济所带来的风险，那么从女性主义传统和其他许多地方得到启示的戴，她的民族志显示，要重新在理论上探究资本主义在概念上和实践中的矛盾，人类学家能够做出多大的贡献。

三　文化转向

20 世纪 80 年代，波兰尼学派已经解体，许多对主流经济学不甚感兴趣的人类学家迅速抛弃了这个领域，任其陷入无序状态。1979 年克利福德·格尔茨关于摩洛哥苏格集市（Moroccan *suq*）的文章对伊斯兰文明的经济进行了深远的反思（关于集市作为非正式经济的前身，请见第六章），但是他在撰写此文时，心中并没有想到经济人类学。马歇尔·萨林斯在出版了《石器时代的经济学》之后，否认了"人类学经济学"比较型研究的可能性，因为任何地方的物质生活都是由各不相同的地方象征性秩序构成的，资产阶级经济学只是其中之一（Sahlins 1976）。这两位巨人例证了近几十年来文化转向对经济人类学的影响。

当格尔茨和萨林斯都转往其他方向时，史蒂芬·古德曼继续进行着"人类学经济学"项目的研究。在《作为文化的经济学》（1986）一书中，古德曼将他的"地方性模式"视角（local models perspective）应用于经济学本身，以及拉丁美洲、非洲和太平洋地区其他地方的农民经济，他的这个模型最初是以他的巴拿马田野工作的资料为基础建立的（Gudeman 1978）。他特别关注房子和节俭习惯，区分为未来而储备和利润最大化这两种不同的动机。在后来的一项合作研究中（Gudeman and Rivera 1990），古德曼很周密地论证，通过民族志田野调查而变得可进入的社会，正是古典经济学家所探究的历史动力的生动范例。古德曼不断积极地建议人类学家运用这一专业的常规研究方法去认真了解经济思想史。尽管他还没有建立一个学派，但他的影响力是相当大的。

文化转向促进了诸如狩猎者－采集者的研究，这一领域从20世纪60年代以来获得了显著的扩展。当萨林斯写下他关于原初丰裕的著名文章时（首次发表于1968年），他主要通过量化数据阐述自己的观点：技术非常简单的人有更多时间从事超出他们生存所需的活动。后来的研究，特别是在喀拉哈里沙漠的研究，支持他把这些人视为"原始共产主义者"（借用马克思主义词语）（Lee 1979）。数十年来收集的关于群体的内部交换和"最佳觅食策略"的数据，被一些人用来做了进化推论，而另一些人则坚持认为，当代狩猎采集者的经济是他们与其他群体之间历史互动的产物，不能作为原始状态的证据。詹姆斯·伍德伯恩（James

Woodburn 1982）对"即时回报"型经济和"延时回报"型经济进行了区分，"即时回报"型经济有喀拉哈里地区的昆徽人（Kung San）和他曾在坦桑尼亚研究过的哈扎人（Hadza）为例，"延时回报"型经济有储存设施，但是社会关系不那么平等。然而，这种文化转向在努里特·伯德－戴维（Nurit Bird-Davi 1992）的著作中得到了最好的说明。她引用自己所做的印度民族志，认为在大多数非采集者成为工厂工人很久之后，他们的工作伦理观念和时间取向仍在塑造着他们的社会关系。通过更深入地研究基于"给予型环境"理念的宇宙观，她扩展了萨林斯的论点。努里特·伯德－戴维的研究促使一些史前学家重新思考他们对早期人类社会关系的基本假设（Gamble 2007）。

正如关于妇女工作的女性主义研究一样，这种文化转向并非完全没有先例。德国"原始经济学"的先驱们和马林诺夫斯基一样，也渴望掌握本土的观点。后来的农民社会研究者，如乔治·福斯特，强调了它们的文化方面："有限利益"的概念被断言为积累的主要文化障碍。许多农村社区是明显不愿接受风险的，对市场信号的反应也是明显"缺乏弹性"的。詹姆斯·斯科特（1976）的"道德经济"论文是对这种伦理规范所做的最有说服力的总结。斯科特改编了最初由马克思主义历史学家 E. P. 汤普森（Thompson 1991）应用于 18 世纪英国城市人群的一个概念，他认为，东南亚村民的激励因素是安全第一原则和生存伦理，而不是利益。很快，塞缪尔·波普金（Samuel Popkin 1979）对斯科特提出质疑，所循线路类似于对卡尔·波兰尼学派的形式论批判，他指责斯科特通过否认农民决策者的理性个人主义将社区浪漫化。

我们认为，所有经济体都是既有自私的计算也有道德规范，

第五章　形式论与实质论争辩之后

重要的是它们之间可变的相互作用。当亚当·斯密指出，屠夫、酿酒师和面包师的行为是出于自身利益的需要，而非仁慈之心，此时他仍然理所当然地认为，每个商人都会为自己的顾客提供一份分量公平、适合人类消费的产品。但是，为什么一个机会主义的利润最大化者会尊重这些规范呢？最近有一位研究者认为，新自由主义对自由市场的崇拜导致基本道德规范在乌干达遭到破坏（Wiegratz 2010）。然而，很难确定是否已经发生了根本性的变化。如果早期的实质论者没有报告说地方市场存在着系统性的渎职行为，那么部分原因可能是早期斯科特·库克等批评家所断言的浪漫主义倾向。毕竟，自古代美索不达米亚以来，商人就被指控在天平和测量棒上作假。

"文化"和"道德"取代"阶级"甚至"社会"等研究视角是与更广泛的知识趋势相关的。这种文化转向与20世纪80年代以来新自由主义占据主导地位有着怎样的关系？劳工组织失败，放松管制，市场侵入公共生活和家庭生活，所有这些都促成了研究界对意义和主观性的重新关注。如果说马克思主义者和女性主义者把生产和再生产放在优先地位，那么，阿尔君·阿帕杜莱（Arjun Appadurai 1986）激发了一代民族志作者探索曾被认为资本主义商业的匿名领域的主客体关系。他与伊戈尔·科皮托夫（Igor Kopytoff 1986）一道让人们关注，一些商品，甚至是消费者看重的大多数东西，是如何拥有非常复杂的"传记"的。物品可能有商品的形式，但是当它们成为传家宝或者某一文化共同体的神圣之物时，也可能离开商品的范围。资产阶级对人（主体）和物（客体）的分割被新的关于人格观（personhood）的著作所解构，斯特拉森再次站在了最前沿。然而，与成熟的萨林斯的情形一样，这些关于特定文化中主体化的新兴形式的研究，其广博程度足以转移了人们对经济人类学既有问题的注意力。

实质论对资本主义经济和非资本主义经济之间的区分已被证明是根深蒂固的。近几十年来，"商品"和"礼物"之间的对立被视为代表了西方资本主义国家与世界其他地区在交换上的对比，或者如斯特拉森在1988年所说，它们是欧美地区与美拉尼西亚地区在交换上的对比。这种对立是由克里斯·格雷戈里（Chris Gregory 1982）开启的，尽管他从来没有打算让这种逻辑上的对比来代表整个社会的民族志分离，他强调了在巴布亚新几内亚，对比的两方实际上是结合在一起的（Gregory 1997：第二章）。正如我们在第三章看到的，莫斯撰文（Mauss 1925）驳斥了商业的利己主义和礼物的利他主义之间的资产阶级对立。在他看来，古老的礼物是两个极端的混合物，问题是要理解我们是如何把它们分开的（Parry 1986）。把圣诞礼物当作纯礼物的市场意识形态，作为整个经济体的对比基础，被投射到了莫斯的文本中："我们的"和"他们的"。

一些前马克思主义者的后期作品受到了文化转向的重大影响。莫里斯·古德利尔在《礼物之谜》一书（Godelier 1999）中，接受并扩展了安妮特·韦纳（Annette Weiner 1992）关于不可转让的珍贵物品的概念。唐纳德·多纳姆（Donald Donham 1999）对埃塞俄比亚社会主义革命的分析将他从早期对生产的关注转移至新宗教信仰对马勒人的影响的研究。乔纳森·弗里德曼（Jonathan Friedman 1994）已经从对生产方式的典型的马克思主义研究转向对社会再生产和国家在转型中作用的更广泛关注。这包括对现代文化流动的研究，例如巴黎的时尚观念，是如何通过移

第五章 形式论与实质论争辩之后

民工人将传播到他们在非洲的家乡而再现跨国社会秩序的。弗里德曼一直致力于在一个非常广泛的层面上研究结构转型，但他也选择不把他的研究定位在经济人类学。

丹尼尔·米勒（Daniel Miller）以孜孜不倦的精神研究他的"物质文化"项目，将它作为经济人类学的一个延伸（1987，1996）。与弗里德曼不同，他明确地拥护一种民族志方法，在与法国社会学家米歇尔·卡隆（Michel Callon）的辩论中捍卫经验主义。卡隆认为，经济学家的思想塑造了资本主义社会中的市场运作（1998）。米勒有一系列关于特立尼达拉岛（Trinidad）的专著，探讨资本主义以及互联网在当地的意义，从而形成一种"虚拟主义"的理论关注（Carrier and Miller 1998），补充了他对物质对象的获得和使用的研究。米勒的项目为艺术史、考古学、设计和消费文化研究搭建了桥梁，尽管有相当多的主题重叠，却刻意避开了经济人类学。我们将在第八章再回到这一点。

文化主义研究方法存在两方面的风险：第一，有忽视历史和政治经济学的倾向；第二，极端沉浸于当地宇宙观，以至于比较和概括都显得是不可能做的事。斯蒂芬·古德曼当然不会受到第二种批评。他最近对"人类学经济学"（Gudeman 2001，2008）的概述是建立在"社区"和"市场"这两个概念的辩证对立之上的，将前者认同于与他所称的"基础"或"公地"——即那些主要在家屋框架内，因为其本身的目的而开展并被重视的活动，同时将后者认同于贸易中典型存在的手段-目的关系中的"计算理性"。这是一个解决方案，可以应对我们在第二章中提出的家庭和市场这两个极端之间如何协调的问题。古德曼将新自由主义描述为市场"瀑布式"地进入此前他称之为由相互性规范主导的领域。这个辩证的框架原则上可以适用于任何地方的人类经济。最近的一位批评家认为（Löfving 2005），古德曼已经从重视地方性模式转向普遍主义，这种普遍主义更多地受到经济学方法而不是人类学的启发。另一位批评家声称，古德曼已经成为一个圆滑的没有"现实主义"认识论的后现代主义者。古德曼在同一卷中所做的激昂回应使人想起20世纪60年代的争论：现在和当时一样，争论的双方有时似乎是在各说各话。

四 硬科学

随着20世纪接近尾声，上一代大辩论中形式论一方的知识连续性远比实质论一方的连续性更为明显。最终汇聚在新制度经济学（NIE）麾下的人类学家并不总是把自己视为当代的形式论者，但他们确实都投身于"硬科学"研究，渴望建立经济行为的预测模型。凡勃伦和波兰尼认为市场是多种经济制度中的一种，而新制度经济学则可以说把所有的经济制度都视为市场。新制度主义者为自己设定了一个目标，就是把所有的经济制度都纳入到他们的正式模型中。他们现在声称，制度本身是按照与新古典主义经济学一致的理性选择的潜在逻辑进化的，而不仅仅是外源性地塑造经济活动。

在这个语境中，"制度"一词是什么意思？被经济学家道格拉斯·诺思（Douglass North）、奥利弗·威廉森（Oliver Williamson）及其人类学追随者吉恩·恩斯明格（Jean Ensminger）和詹姆斯·艾奇逊（James Acheson）所采用的新制度经济学方法，将制度定义为"游戏规则"。他们最喜欢的例子是产权，产权经常被研究者，例如弗里德里希·哈耶克，为所有经济体提供基本的激励结构。在早期的一项研究中，经济学家哈罗德·德姆塞茨（Harold Demsetz 1967）利用民族志和民族历史数据进行论证，认为私有财产权的出现可以解释为个体选择决策者对外部性的内部化。换句话说，当这样做的预期收益超过成本时，你就会不辞劳苦地去建一个篱笆。与此同时，加勒特·哈丁（Garret Hardin 1968）在他关于"公地悲剧"一文中声称，开放享用权的系统注定会导致环境的退化。自那以来，支持这些说法的方法论个人主义遭到驳斥。埃莉诺·奥斯特罗姆（Elinor Ostrom 1990）主要是一位政治学家，她获得了诺贝尔经济学奖，因为她证明了当地社区在有机会时完全能够有效地管理公共资源。

在新千年到来之际，财产引起了很多关注。这是一个争议激烈的领域，甚至在最基本的概念上也存在分歧。尽管诺思、德姆塞茨等经济学家认为，经济组织的效率必须是决定性的，但法律学者指出，产权制度还有许多其他不能简单归结为经济效率的社会功能。对于一些人类学家来说，财产这个概念本身就是不折不扣的欧洲中心主义的，因此不适合用以研究美拉尼西亚这样的地区。在这些争论中，经济人类学家通常持中间立场。人们持有各种物品的方式方法是迥异的，但是任何地方，财产规则在制约生产和消费方面都是非常重要的。这在很大程度上取决于物品本身。大多数人会更乐意把自行车甚至电脑借给你，而不是把牙刷借给你。大多数农田作物可以由家庭单位有效地种植，如果家庭单位能够将农田作为私有财产传给子女和孙辈，那么家庭单位往往能够更好地发挥作用，更好地照料自己的资源。另一方面，效率和公平往往使某种形式的集体所有权成为开发森林的最佳形式。无论如何，奥斯特罗姆分析的共同财产解决方案只有在规则得到详细明确并被各方认真遵守的情况下才会奏效。

新制度主义者讨论了财产以外的许多主题，其复杂程度各不相同。吉恩·恩斯明格（Ensminger 1992）在对肯尼亚北部牧民颇具影响力的研究中，展示了市场的影响如何在几十年内改变了当地人的生活，主要是变得更好。为了减少参与者的不确定性以及他们的"交易成本"，新制度出现了。这些成本包括在发生购买行为之前收集信息的费用，以及在签订合同之前进行讨价还价的相关费用。经济学家将交易成本定义为首先选择市场而不是自己生产商品的结果。在恩斯明格的肯尼亚案例中，由于集体土地所有权的崩溃，大量利益被个人获取。尽管所用语言不同，但恩斯明格的分析与施耐德（Schneider 1974）对非洲现代商业利益的形式论分析有着很多共同之处，而与第四章中讨论的博安南所持的"外部经济形式的进入更多地给当地社群带来灾难"的观点则相反。

珍妮特·泰·兰达（Janet Tai Landa 1994）在重写马林诺夫斯基的经典之作库拉研究时就不那么令人信服了。作为一名经济学家，她认为，特罗布里亚人（Trobrianders）的礼仪交换实际上只是促进实用贸易，或者物物交换（gimwali）的一种手段，否则在一个缺乏中央政治和法律制度的环境中进行这种交换就太冒险了。在此之前人类学家提出过类似的观点，如 J. 辛格·乌贝罗伊（J. Singh Uberoi 1962）。个体行为者在进行交易时要做理性计算，这从马林诺夫斯基最初的描述中是可以清楚地看出的，尽管这些计算包含着比狭义的经济分析所能承载的更为复杂的政治和社会考量。兰达指出了第二种合理性：岛民参加库拉冒险取决于超过

第五章 形式论与实质论争辩之后

成本的收益。这样,新制度经济学方法就超越了单纯的民族志描述,允许实践者将微观层面的理性选择与进化理论联系起来。但它的缺陷是显而易见的。确定"游戏规则"并不足以预测经济结果。我们还需要了解实施这些规则的不同社会背景,以及经济行为者的信仰和价值观。与形式论者的情况一样,在缺乏有文脉的民族志的情况下,新制度经济学模型最终证明几乎没有任何预测能力。对科学的向往在诸如实验经济学、神经经济学等领域也是非常明显的。博弈论和大脑扫描仪的发明给某些方面带来了希望,自19世纪经济人类学诞生以来一直驱使该学科发展的问题终于可以解决了。当经济学家和心理学家在美国的大学校园里让学生们进行实验室实验,玩"最后通牒游戏"时,一种动力出现了。在这个游戏中,一个人得到一笔钱,他被指示向另一个玩家发出报价。如果后者接受,那么他们都会带着他们的收益离开。拒绝会让双方都没有收益。结果表明,出于公平的考虑,行为主体偏离了经济人模型。约瑟夫·亨利希(Joseph Henrich)看到了在世界不同地区做同样游戏的潜力,看看"文化"是否会改变结果。正如人们所预料的那样,熟悉市场经济运作机制的人往往表现得更"自私",而那些生活在依赖合作的经济体中的人在玩这个游戏时往往给出更慷慨的报价(Henrich 2004)。

但是,很难保证这样的实验是在可比的条件下进行的。此外,在西方社会科学家的控制下,在偏远的小型社会中玩这个游戏,衡量的东西是什么并不清楚。读者只能看到极少的信息来了解被研究群体的经济背景,或者游戏玩家在研究人员离开后必须继续的日常生活。亨利希试图与经济学家建立联系,他和马林诺夫斯基一样,在一本主要的经济学刊物上发表自己的研究成果。他还

99

试图与生物人类学家和其他进化论者进行接触。他更新19世纪议程的努力，成为经济学和心理学之间新的和解的部分内容，但这对经济人类学家尚未产生重大影响。

快速发展的神经经济学领域使用的主要技巧是应用脑成像技术来分析决策，其早期研究成果也对新古典主义经济学的基本假设提出了问题。例如，观察到的神经活动似乎表明，许多人从他们的货币收益中获得直接效用，尽管根据纯粹理论，为了满足其他需求，货币应该是间接需要的。当神经科学家表明计算理性只局限在大脑的一小部分（前面）区域进行时，经济人这个前提就被严重破坏了。理性选择理论，对于相对简单、务实的短期选择来说可能是足够有效的，但是生活中的重要决定是在其他地方决定的（即使有些人，以及研究这些决定的社会科学家，可能会提供虚假的回顾性的合理化解释）。由于情感因素以不可预知的方式侵入，扭曲我们的意识和认知过程，经济理论甚至在这个领域也没有预测能力。因此，博弈论的最大化原则经常被违背；当潜在的合作伙伴被认为拥有良好的声誉时，信任和信用就很容易扩大。人类学家可以通过分析名誉的真实决定因素和社会关系来研究这个故事，这些社会关系决定了强大的情感驱动力，如贪婪和偏见。我们可以预期，在社会之间和社会内部都会发现相当大的差异。例如，像医生这样的专业人士喜欢认为他们的决定是完全理性的，是严格以病人的需要为基础的。但是在大脑扫描仪的帮助下可以发现，他们的处方实际上很容易受到制药公司礼物馈赠的影响，这就证实了这些公司促销活动的理性。如果这项研究中的医生认为他们对外部影响具有免疫能力，那么他们是在自欺欺人（Zaloom 2008）。

五　货币人类学

如果说在信贷繁荣的几十年里，名牌大学的毕业生倾向于选择银行业作为职业，那么货币人类学最近也得到了复兴。我们已经不太愿意生活在现代经济与传统经济这两端之间的某个地方。也许并非巧合的是，人类学家对金钱的传统厌恶已经转向关于金钱对普通人积极作用的认识。长期以来，人类学家和社会学家一直拒绝接受主流经济学所提出的对金钱和市场的非人格化路径。普通人不会将他们手里的现金视为一种无差别的东西，而是选择"指定"它们的用途——留一部分用于支付食品账单，储备一些用于节日消费，等等（Zelizer 1994）。这种情形在那些经济学家视而不见的领域，尤其是家庭生活中特别典型。世界各地的人们都会把金钱个人化，通过各种各样的社会工具使其达到自己的目的。这也是乔纳森·帕里（Jonathan Parry）和莫里斯·布洛赫影响力颇大的著作《金钱与交换的道德》（Parry and Bloch 1989）所传达的信息。

这部非西方社会小规模案例研究集的论文撰稿人持有一个共同的观点，即原住民社会是从容地接受现代货币的，而不是屈从于它非个人逻辑的支配。其基本理论与涂尔干的思想很相似。社会生活有两大回路：一个是日常生活，它是短期的、个人化的、唯物主义的；另一个是社会生活，它是长期的、集体的、理想化的甚至是精神性的。市场交易属于第一类，但所有社会都试图使它们从属于自己的再生产条件，即第二类。出于某种原因——作者未就此展开调查——货币在西方经济体中获得了一种自成一体的社会力量，而世界其他地方则保留着将货币保持在原位的能力。所以在这里，我们也有一个价值等级，现代货币排列在保障社会连续性的制度之后。当货币和市场完全通过非人格化、非社会性的模型来理解时，认识这个被忽视的维度无疑非常重要。但是，经济是在更多包容性层面存在的，不止是个人、家庭或地方团体的层面，如果没有货币和市场的客观性，就不可能如此。正如涂尔干（1912）为宗教辩护时提出的，金钱是我们所有人在日常的个人经验与具有非个人的更广泛范围的社会之间架设桥梁的主要手段。

金钱，作为社会的象征，必须是非个人的，以便将个人与他们所属的关系世界连接起来。但是人们把一切事情都变成个人化，包括他们与社会的关系。这种双边关系具有普遍性，但其发生率却是高度变化的。这就是为什么金钱必须是所有使社会人性化的努力的焦点。它既是我们在社会中脆弱性的主要来源，也是使我们每个人都能让一个非个人的世界变得有意义的主要实用标志。

95　马林诺夫斯基为人类学家开启了一个以二元对立的术语来质疑经济普遍性的趋势，他将奇异的事实和西方的民间理论并置在一起，而不承认当代历史对他们自己观点的影响。哈特（Hart 1986）回应波兰尼（Polanyi 1944），界定了两股西方货币理论潮流：货币是由国家发行的权威象征，或者说，它是由市场制造的商品。他把硬币看作是对货币两面性的比喻。一方面它承载着国家的实际权威，是社会的象征，是账面货币（正面）。另一方面货币本身就是一种商品，为贸易提供了精确性；它是一种真实的东西（反面）。这两面相互连接，犹如上下相连；但是，英语国家

第五章　形式论与实质论争辩之后

的经济政策没有承认自上而下和自下而上的社会组织("正面"和"反面")的相互依存,而是在两个极端("正面或者反面")之间大幅摇摆。

"人类学家必须有能力将他们在异域所见的奇闻逸事和支撑我们工业世界中的更深刻的观念与现实的画卷进行比较。传统的经济推理无法启迪我们,因为它始终是一维的。硬币有两面是有充分理由的——两面都是不可缺少的。货币是表现人与人之间关系的一个方面,同时又是与人分离的一种东西。"(Hart 1986: 638)

占主导地位的观点认为,货币尤其是以贵重金属的形式存在的货币,只是持有私有财产的个人之间进行买卖时的一种方便的交换或易货手段。一种少数派的观点认为,国家一直承保了货币的发行,主要是作为保证纳税的一种方式。国家的官僚权力建立在强制的基础上。税费的收取依赖于当局能否通过惩罚的威胁迫使人民缴纳,对此,"主权"是必不可少的。但是如果钱来自人民呢?德国浪漫主义传统认为,货币表达了一个民族(*Volk*)的习俗。许多英国自由主义者也认为银行货币是社会内部信任的一种表达,在为信贷和债务的个人管理提供的机构担保中定位价值。[96]人类学家执着于西方经济学思想的过于简单化的观念,未能向复杂的知识传统学习,而这些知识传统早在他们进入这一领域之前就存在了。

近年来,关于货币的人类学研究大量涌现,其中包括对金融机构的大量研究。这项工作的目的是让管理我们生活的匿名机构人性化，其中一些确实开始在读者的日常经历和全球经济之间架起桥梁。简·盖耶（Jane Guyer）对货币的广泛研究在《边际收益：大西洋非洲的货币交易》(2004)一书中到达顶点。她的研究概括了我们在这本书中绘制的经济人类学的路线图。她从自己在喀麦隆和尼日利亚的长期民族志研究的基础出发，在这里界定了西非/中非地区一个至少有三个世纪历史的原住民商业文明，这是根据地位差异对多个序数量表进行操作而获得的。这种独特的商业研究方法不仅使有关欧洲重商主义扩张的历史学家们望而却步，而且也使民族志的作者们退避三舍，他们狭隘的特殊性观念和匮乏的历史深度使他们像外国商人一样，对自己所遇到的区域经济体系一无所知。盖耶拒绝接受博汉南关于"交换领域"（见第四章）的论述，之后她将在非洲的发现引入对她所居住的美英等国家的经济制度的广泛分析。

货币也是一个"记忆银行"(Hart 2000)，一个允许个人查询自己希望计算的交换的存储库，此外货币还是社区经济记忆的来源。现代货币体系为人们提供了广泛的工具，以追踪他们与世界各地的交换情况，并计算他们在社会中当前价值的平衡水平。从这个意义上说，金钱的主要功能之一就是记忆。如果今天个人信用的扩散可以被视为经济生活中迈向更高人道主义水平的一步，那么这也意味着在更大程度上依赖非人格化的政府和公司，依赖与计算操作相关联的非人格化的抽象，依赖契约交换的非人格化标准和社会保险。如果人们要在后现代经济中卷土重来，与其说是面对面的，不如说是通过屏幕上的一条条信息，有时候它们会具体化成面前活生生的人。我们可能不再那么被作为一种客观力量的货币压得喘不过气，而是更开放地接受这样一种观点，即货币是追踪我们每个人都在制造的复杂社会网络的一条途径。然后，货币可以采取多种形式，在从地方到全球的各个层面上兼容个人能动性和人类相互依赖性。

经济人类学家强调人们对货币和交易的控制，将它作为个人行为的一部分，仅仅如此还不够。这是我们大多数人所知道的日常世界，如果我们希望避免它们可能给我们带来的毁灭，我们还需要途径以到达我们不知道的宏观经济的不同部分。这就是格奥尔格·齐美尔（Georg Simmel 1900）在说货币是我们人类创造普遍社会潜力的具体象征时，他的心之所想。

六　结语

20世纪70年代，经济人类学"黄金时代"的大辩论让位给了批判性研究方法的兴起，其中马克思主义和女性主义是最突出的两股力量。形式论主要作为新制度经济学而存在。这种制度主义的主要特点是将市场模型和理性选择方法扩展到新的领域，同时严重依赖"交易成本"的概念。它与范布伦和波兰尼的旧制度经济学相去甚远，或许最好的做法是将其视为学术界一直由新古典主义经济学引领的"商业"范式的一个变体。吉恩·恩斯明格代表新制度经济学进行了一场英勇的战斗，使科学之船能够逆汹涌的后现代主义潮流而保持其航向。但是她的工作最好被看作是雷蒙德·弗思路线的延伸，通过施耐德的形式论和巴特的交易主义，鼓励民族志作者在解决具体的民族志情景的制度复杂性时，运用理性选择的修辞。博弈论跨文化应用是以建立文化和生物进化之间的系统联系为目的的，但迄今为止成果并不引人瞩目。经济人理论再一次被证明是不够的，但是把观察到的经济变化归因于"文化"似乎相当空泛。

许多人类学家试图打开"文化"这个黑匣子，将其作为一扇经济的窗户，其结果各不相同。做得最好的研究是设法将民族志对"物的社会生活"的敏感性与一种认识结合起来，即承认文化估值本身是被经济进程所复制的财富、权力和地位的不平等所塑造的。经济人类学家大部分放弃了马克思主义者假定的因果关系，他们放弃了形式论者和实质论者的工具包，他们实际上已经不再作为一个智识共同体而存在。然而，从更积极的角度来看，我们可以说，文化转向实现了实质论者超越资产阶级经济范畴的伪普遍主义的愿望，通过民族志论证了它们只是另一种地方模型，而且是一种毫无吸引力的模型。从这个角度来看，对货币和日常道德的重新关注似乎特别有希望。大脑扫描技术允许研究者探索普通人类受试者无法进入的领域，但它不能替代对实际经济行为的调查。制约我们所有活动的道德规范不是"固有的"，而是对应不断变化的政治和意识形态环境的。

很明显，即使在当时，20世纪70年代也是一个分水岭。在接下来的十年里，曾经一度对凯恩斯主义的霸权形成威胁的新自由主义意识形态有了最初的应用（尤其是经济学本身，芝加哥的米尔顿·弗里德曼是"货币主义"和"自由市场主义"的主要倡导者）。玛格丽特·撒切尔领导了更多的私有化运动。这主要是先进的英语国家对危机的一种反应，但是殖民主义时代已经正式结束了，新政策首先以"结构调整"的名义在发展中国家试行。1989年是奇迹迭出之年，即使没有带来"历史的终结"（Fukuyama 1992），至少也终结了经济互助委员会（COMECON）试图为资本主义世界市场提供一个可行的替代方案的努力。这是一个更广泛的背景，我们需要把经济人类学的最近发展置于其中。该领域的任何振兴都取决于我们能否在多个层面上直接参与世界历史的变革进程。在接下来的三章中，我们将探讨经济人类学如何批判性地探究当今世界历史上的重大问题：不平等发展、社会主义替代方案和全球资本主义。

第六章　不平等的发展

推出现代人类学的维多利亚时代的人们不得不注意到,他们周围的世界正在迅速变化。我们现在知道,这是工业资本主义发动的机器革命带来的结果,但是对他们而言,问题是如何解释欧洲后裔相对容易地接管了这个世界。他们发现的社会是一个种族阶层,不同肤色的人按照他们的文化竞争力排列等级;人类学是理解这一切如何发生的一个途径。因此,19世纪人类学的主要关注点不是人性的普遍属性,而是"进化",只有把世界历史作为一个整体来考虑,才能理解这一进程。这种方法显然是与种族主义的帝国主义联系在一起的,因而名誉扫地。人类学在20世纪转向民族志研究,这与帝国被新的世界体系取代有关,这个世界体系由独立的民族国家组成,以世界各地的人们捍卫自己生活方式的权利为基础。其后果之一是,人类学家失去了18世纪和19世纪他们前辈的全球视野,而且在很大程度上失去了理解现在是通往更美好未来的过渡时期的批判能力。

在某种程度上,过去半个世纪关于"发展"问题的人类学研究是这一趋势的一个例外。正如我们现在所关注的现代经济史的其他问题一样,发展研究需要人类学家在更具包容性的层面上参与社会变革。不是所有以它的名义进行的事情都可以被理解为经济人类学;但是一旦人类学家放弃这样一个前提,即我们所研究的民族是以某种方式与世界社会分离的,那么前殖民地世界的发

第六章 不平等的发展

展就在我们的学科中占据了中心位置。我们已经在第五章中注意到，埃里克·沃尔夫、西敏司和杰克·古迪以非常不同的方式脱颖而出，因为他们设计了具有人类学视角的历史研究项目，能够解释我们的世界是如何变得如此不平等的。马克思主义者和女性主义者以自己的方式发起了激进的批判，但是他们缺乏马克思和恩格斯的世界历史视野。

战后几十年，推动"发展"的最终目标是建立一个更美好的世界，让富裕国家与贫穷国家一起寻求方法改善后者的经济前景。从这个角度来看，"发展"可以被看作是维多利亚时代进化论的复兴。在下文我们首先要问"发展"这个词是什么意思，然后问我们如何将我们不平等的世界作为研究对象。我们先勾勒出人类学在发展研究和更广泛的发展产业中的地位，然后更详细地研究非洲和非正式经济的概念，这是人类学家在这一领域最有影响力的贡献。最后，我们要问世界是否已经"超越了发展"。

一 不平等世界中的发展

1800 年，世界人口约为 10 亿。那时只有四十分之一的人生活在城镇，其余的人依靠土地为生。动物和植物几乎是人类生产和消费的所有能源之本。两个世纪之后，世界人口达到 60 亿，居住在城市的人口比例接近一半。由机器转换而成的无生命能源现在占了生产和消费所用能源的大部分。在这个阶段的大部分时间，人口年均增长率为 1.5%，城市年均增长率为 2%，能源生产年均增长率约为 3%。能源生产的年均增长率是人口增长率的两倍，人口增长率是反映过去二百年经济扩张的一个有力指标。许多人比以前寿命更长，工作更少，花费更多。但是，这些新增能量的分配却是极不均衡的。全人类有三分之一的人仍然用双手在田里劳动。例如，美国人每人消耗的能源是普通乌干达人的400倍。

因此，"发展"首先指的是人类从乡村到城市的这种疾速飞奔。人们普遍认为，推动这种经济增长同时导致不平等现象出现的引擎是资本主义，我们将在第八章对此问题进行更仔细的研究。由此引出"发展"的第二层意思，即意味着尝试理解资本主义增长是如何产生的，以及如何弥补资本主义在创造和破坏的反复循环中造成的损害（正如约瑟夫·熊彼特所说的"创造性破坏"）。第三个意思指的是20世纪中叶的发展状态：政府最有能力通过再分配来实现持续的经济增长。这种模式是由法西斯主义国家倡导的，在第二次世界大战前后的殖民帝国扎根，之后成为发达国家和新独立国家的标准，至少直到20世纪70年代。

然而，在过去半个世纪中，"发展"一词最常见的用法是指富裕国家承诺帮助贫穷国家变得富裕起来。在反殖民革命之后，这种承诺是足够真实的，即使所选择的方法往往有缺陷。但在20世纪70年代的分水岭之后，这种承诺已经消失。如果说，在20世纪50年代和60年代，世界经济的快速增长促使人们相信，贫穷国家也可以开始致富，那么从20世纪80年代起，"发展"更多时候意味着放开全球市场，在剥削和忽视所造成的创伤上贴上橡皮膏。因此，在殖民帝国之后，发展已经成为富裕国家和贫穷国家之间政治关系的一个标签；几十年来，发展一直与"援助"并行不悖，但如今人们更喜欢的术语是"伙伴关系"。

自从欧洲诸帝国崩溃以来，各地区在发展经验方面存在巨大

第六章 不平等的发展

差异。在第二次世界大战启动了反殖民革命之后,许多亚洲国家在西方的帮助之下,或在没有西方帮助的情况下,建立了成功的资本主义经济体,最终导致全球经济力量格局东移,近年来这种格局的东移速度加快。但是其他地区,特别是非洲、中东和拉丁美洲的大部分地区,自 20 世纪 70 年代以来一直处于停滞或衰退状态。这些不同的道路导致了各种发展模式的循环,亚洲强调威权主义国家,反对西方自由主义,而拉丁美洲则更倾向于激进的政治选择。

第二次世界大战之后,经济普遍增长了 20 年,国家相对强大(20 世纪 50 年代和 60 年代),随后几十年经济停滞,国家权力削弱。到了 20 世纪 80 年代,在 70 年代的石油危机和经济滞胀的余波之中,随着新自由主义保守派掌权,发展问题不再被认真地提上议事日程。相反,主导力量推动世界经济向资本流动开放(结构调整),必要的话可以牺牲国家的治理能力;债务利息的支付成为贫穷国家巨大的收入外流。

自从 1945 年联合国成立以来,收集世界人口统计数据已成为常规的做法,但将人类视为一个单一实体的想法尚未形成。现在是时候这样做了。今天的世界就像之前被现代革命驱逐的先进的农业文明中心(Hart 2002)。两个多世纪的政治斗争和经济发展已经使世界处于一种类似于法国旧政权的状态,当时让 - 雅克·卢梭写下了他关于不平等的论述(见第一章)。除此之外,104 我们还能怎样描述绝少数社会精英控制着毫无权力的穷困大众这样一种社会情形? 这些贫困大众的处境现在只能以可花的钱有多么少来衡量。机器革命的最新浪潮已经使一人拥有 400 亿美元的净资产,并且占据全球信息产业的主导地位,而数十亿人缺乏物质生活必需品，更不用说上互联网了。

我们这个世界有两个紧迫的问题，一是第二次世界大战以来市场空前扩张，二是富裕国家和贫穷国家之间存在巨大的经济不平等。一个具有爆炸性的组合正在变得越来越紧密，又越来越不平等。2009年3月，《福布斯》杂志报道，前十名富豪的净资产总和为2500亿美元，大致相当于芬兰（人口500万）或中等地区强国的年收入，如委内瑞拉（2800万）、南非（4900万）和伊朗（7200万）。2500亿美元这个数字相当于26个撒哈拉以南非洲国家的年收入总和，这些国家的总人口接近5亿，或者说是现有世界总人口的十二分之一。

为世界上最贫穷的人们提供足量的食物、清洁水和基础教育，其成本可以低于西方国家每年在化妆品、冰淇淋和宠物食品上的支出。发达国家每1000人拥有汽车400辆，而发展中国家每1000人拥有汽车不到20辆。富人对世界的污染是穷人的50倍，但穷人更可能死于污染。联合国开发计划署发布的《人类发展报告》（1998）称，过去二十年，世界消费增长了6倍；但最富有的20%占私人开支的86%，最贫穷的20%只占私人开支的1.3%。拥有世界七分之一人口的非洲，只拥有全球2%的购买力。

在空间上分离贫富人群的种族隔离原则在世界各地的地方性歧视制度中，都或多或少地可以看到。但是加勒比海诺贝尔奖获得者、经济学家亚瑟·刘易斯（Arthur Lewis 1978）提出了一个似是而非的理由，即20世纪的世界是在特定的历史时刻按照种族划分建立起来的。在第一次世界大战之前的三十年里，5000万欧洲人离开家乡到温带的新定居点定居（其中四分之三去了美国）；同样数量的印度人和中国人（苦力）作为契约劳工被运到殖民地。

这两批移民从一开始就不得不分开，尽管他们的工作水准和技能水平常常是相似的，但是白人平均每天领取 9 先令，而亚洲人每天领取 1 先令。在那些允许亚洲工人定居的地区，当地雇用劳动力的价格被压低到他们的水平。当时西方帝国主义将世界划分为劳动力昂贵和劳动力低廉的国家，这对他们后来的经济发展产生了深远的影响。高工资经济体中的需求强于低工资经济体。从那时起，世界贸易的组织机制就是利好那些收入较高者的利益，税收丰富的国家补贴本国农民，向海外倾销廉价食品，不惜牺牲当地农业的发展，同时他们防止较贫穷国家的制成品损害自家产业工人的工资。

二 人类学家与发展

半个世纪以来，发展研究在日益正式化的学术分工中提供了一个跨学科的研究空间。推动这一领域发展的理论随着世界历史的发展而转移。20 世纪 50 年代和 60 年代的主导性途径是现代化，即认为穷人应该变得更像富人。这意味着用"现代"制度取代"传统"制度，采用由城市、资本、科学技术、民主、法治和全民教育组成的一套"资产阶级组合"。不断加剧的不平等状况被认为是可以接受的，因为进步带来的好处最终将发挥"涓滴效应"，从而提高总体生活水平。至 1970 年左右，人们清楚地认识到这种方法是行不通的，于是马克思主义理论被更广泛地接受。这些观点认为，欠发达和依赖性是由贫穷国家参与由富裕资本主义国家控制并为其服务的世界体系所造成的。这种情况下的发展要求他们退出本质上的零和游戏，将外围国家的财富重新分配给核心国家。这一理论呼应了福斯特（Foster 1965）信奉"有限利益"观念的农民形象。

20世纪80年代以来，随着新自由主义的兴起，发展理论的重点不再是国家在建设国家资本主义方面的角色，即试图通过中央官僚机构控制市场、货币和积累，以造福全体公民（见第二章）。现在的重点是让市场发挥作用，让价格保持合理。这一重点的突出标志着经济学的力量日益增强，与早期的跨学科和多学科的发展思维和实践方法形成鲜明对比。发展行业在20世纪50年代是由工程公司控制的，因为人们认为发展（即开发）意味着在岩石上开一个洞，然后用水填满。大约在20世纪60年代，主要担任会计角色的经济学家指出，发展需要资金，而且应该产生经济回报，因此引入了成本-效益分析。后来人们发现，发展的所谓受益者——以及规划失败的可能原因——是人；因此，从20世纪70年代开始，人类学家和其他"软"社会科学家被招募来监测"人的因素"。20世纪80年代的新自由主义革命使经济学家完全占据了主导地位，发展研究的跨学科精神被迫退场。一个被标记为"发展"的学术研究领域的理论基础受到了质疑。

这是新古典主义经济学的胜利，这个版本更进一步坚持数学模型和计量经济学的首要地位，坚持对计量的高度技术性关注，通常用于"贫困"问题的量化处理。自工业革命以来，精英们一直关心如何度量物质进步和城市贫困群众的处境恶化情况。这个问题现在采取了一种具体的技术形式去解决。虽然数学、模型和测量都有其用途，但我们也应该认识到它们的局限性。另一位获得诺贝尔奖的经济学家瓦西里·列昂季耶夫（Wassily Leontief）抱怨说："对数学公式不加批判的热情往往会掩盖论证中的短暂性

第六章 不平等的发展

内容。"（1977: 25）

可以毫不夸张地说，发展行业一直是国家和国际官僚机构与民众之间阶级斗争的场所，无论民众是如何被分类的。官僚的规划方案无视民众的生活，无法承载民众的真正利益和实践。在新自由主义的气候下，这种观点可以被同化为对国家的批判，而国家是官僚秩序的核心。因此，国家被认为是腐败和无效的，它们被非政府组织所取代，这些非政府组织当然是官僚机构，但不是政府。负责对发展进行协调的多边机构也一直在努力解决其官僚主义性质与其愿望之间的矛盾，这个愿望就是激发通常被理性控制所扼杀的自我组织的人类行动。

随着世界的变化，人类学家在这一切活动中的角色也发生了变化。马林诺夫斯基曾鼓励他的伦敦政治经济学院研讨会的成员开始学习应用人类学。一些英国人类学家在20世纪殖民地行政管理中发挥了重要作用；但是在获得了独立的全盛时期，任何与帝国的合作都成为某种尴尬，人类学家通常被排除在发展业务之外。这种情况在20世纪60年代开始发生变化，当时像雷蒙德·阿普索普（Raymond Apthorpe 1970）这样的学者开创了人类学家以应用社会科学家的身份重返社会的先河。他们带来了一种长期沉浸于田野工作的研究方法，一种在当地融入研究对象的生活的意识形态，还有诸多来自世界各地民族文化的概念，以及对计算、文学记录和官僚技术的普遍漠视或敌视。他们被要求给发展研究补充人的信息，作为经济学家和工程师的主导性工作的补充，他们通常是临时接到通知，要求在有限的时间内完成任务，而且被期望达到他们以前从来不知道的陈述标准。但他们有"了解当地人"这张牌可打（"我去过那里，你没去过"）。有时候，他们能到自己熟悉的地方进行短期访问，这减轻了短期委托研究的不足。这种做法后来变得司空见惯，在某个地区有长期参与记录的资深学者，被吸收进社会发展研究，以利用他们长期积累的专业知识，而不是让他们做一些快速的田野调查作业。

人类学家很快发现，他们正处于一场阶级斗争之中。他们可以站在三个立场中的一个。为了官僚机构的利益，他们可以打当地人的小报告；他们可以站在民众一边，为他们的利益做辩护；或者，他们可以尝试保持中立做调停者，向官僚机构诠释人民，向人民诠释官僚机构。最常选择的是最后一个选项，它最符合人类学家对独行侠角色的浪漫嗜好。作为个人主义者，他们的天生位置就是处于两者之间的空隙里。

除了这种政治约束之外，民族志范式与发展进程本身之间存在着完全的矛盾。发展毕竟是维多利亚时代进化论的复兴，人类学家在20世纪到来前后就断然拒绝了这种进化论。要设计出一种研究世界的方法来帮助人们从实际的社会条件中认识到新的可能性，这并非容易。在后殖民时代的几十年里，许多人类学家努力将民族国家历史和资本主义历史融入他们的地方调查。但这鼓励了对当代社会的批判性看法，使发展机构的世界看起来更加陌生。一个尴尬的局面因此而形成：传统的民族志作者缺乏解决发展问题的方法，而那些对历史唯物主义和相关辩证方法持开放态度的批判性人类学家则往往过于怀疑发展行业，以至于不愿考虑加入其中。

自20世纪80年代以来，情况又有所不同。具有在异国他乡进行田野调查经验的人类学家（或者为这种可能的工作接受过培训的人），现在被视为全世界发展管理的合适人员。与此同时，发展方案的规模缩小到相当具体化的地方项目,因为到此时,缩小贫富差距的严肃承诺早已被抛弃。一种称为"发展人类学"的新专业出现了,试图使人类学家参与发展官僚机构工作的行动正式化。像"快速农村评估"(Rapid Rural Appraisal)这样的技术受到欢迎,不管它们对田野工作的传统造成了什么样的冲击。在诸如"参与式发展"的标题下,人类学家尽最大努力使当地民众能够在改变他们社区的项目中拥有发言权,他们特别注意穷人和边缘化群体的需求,当然也注意妇女的需求。

三 非洲的发展人类学

非洲发展计划开始实施于殖民地后期,即第二次世界大战开始之际和紧跟大战之后的时期。从殖民统治之下获得独立,为原殖民地的经济发展带来了新的维度。1960年,加纳的经济规模超过印度尼西亚,人均收入与韩国相当。但是,随后几十年的经济失败导致今天的局面,即非洲是我们世界贫穷和混乱的主要象征。

西非是现代经济史上本土资本主义最引人瞩目的例子之一。从19世纪80年代到第一次世界大战,商品的大规模生产和消费出现了爆炸性增长,其中大部分增长依赖于正在快速殖民地化的领土上的原材料。这通常意味着欧洲人拥有矿山(金矿、铜矿、铝土矿)和种植园(茶叶、橡胶、油棕榈),雇用当地劳工和契约制亚洲劳工。可可业是个例外,它在黄金海岸的热带雨林(现在的加纳)兴起,没有得到殖民政府的帮助,也未被殖民政府知道。虽然后来有其他许多国家加入进来,但加纳在独立之时仍占据了世界市场的近一半份额。

尽管如此，人们对原住民生产者知之甚少。他们被认为是非洲的"农民"，通过在自给自足的农场里添种可可豆来赚取一些额外的收入。波莉·希尔（Polly Hill）在《加纳南部的可可——农民移民》（1963）一书中追踪了可可业在世纪之交的起源。她能够证明，种植可可豆的农民是一个真正的现代阶层，移民企业家以公司为单位开发原始森林，他们能够雇用瑞士建筑公司建造他们所需的而殖民地当局无法提供的基础设施。她的研究结合了历史记录和田野调查，记录了参与其中的社会组织的复杂性。所有的新农民都是移民；他们大多数来自从早期诸如奴隶、橡胶等出口贸易中积累了财富的家庭；他们的教育水平往往很高。他们发明了一种新的制度——阿布萨（abusa），一种招募移民劳工的方法，按照1/2：2/3的比例对收成进行分配。主流经济学家一直在努力解释分成制，根据他们的简化模型，分成制产生的结果不如"自由"劳动力市场有效率。另一方面，人类学家已经表明，为什么对于那些特别看重公平解决方案的脆弱的、规避风险的耕种者来说，分成制在经济上和社会上都有其优势（Robertson 1987）。在这个加纳案例中，希尔确信可可产业从一开始就是资本主义的，但是这个资本主义阶级并没有掌控这个国家。独立后的第一届政府由克瓦米·恩克鲁玛（Kwame Nkrumah）领导，其基础是一个与大多数可可种植户居住的阿散蒂地区（the Ashanti region）形成对立的利益联盟。可可种植者的财富被这个新的统治阶级挥霍，于是工业衰落，加纳的经济遭受逆转，直到现在才重新复苏。

希尔的发现与当时（及之后）发展经济学家和行政管理者的

传统思维之间的反差,怎么夸大都不为过。她在《试行中的发展经济学》(Hill 1986)一书中对此进行了总结。她的工作几乎没有被人类学家吸收,因为它与西方经济占有领导地位和非洲落后这些根深蒂固的种族主义信念是矛盾的,这些信念比更公开的进化论理论更难抛弃。

年轻一代的人类学家引用了波莉·希尔的例子,他们也关心探索西非农业的停滞和活力的根源。哈特(Hart 1982)认为,脱离殖民统治的独立有一个矛盾的前提,即现代国家可以建立在适应为世界市场而生产的传统小规模农业的基础上。或者资本主义在关键的农业和工业部门充分发展,以支持这些新兴国家,或者后者衰退到与经济相适应的水平,就像海地在两个世纪前革命之后所经历的那样,随后发生的事情证实了这种悲观的设想。

保罗·理查兹(Paul Richards 1985)更多地利用了生态学和地理学而不是政治经济学的方法。他更积极地看待西非农民利用自己的知识体系和实验方法去克服生产问题的能力,而不是"绿色革命"的技术官僚所提供的现成的外部解决办法。不幸的是,塞拉利昂,这个他进行田野调查的国家,很快就变成了一个"失败的国家",原住民知识体系无法解救那些被恶性内战蹂躏的民众。

从一开始就有一种倾向,要清除发展官僚制度对权力、阶级和政治的考虑。暴力的社会动荡和斗争是发展的特征,忽视它们会使人们更难理解南方特有的野蛮的不平等,尤其是在非洲。詹姆斯·弗格森(James Ferguson 1990)发明了"反政治机器"(anti-politics machine)这个最恰当的短语来形容这种趋势。基于对莱索托(Lesotho)这块内陆飞地的人类学研究,弗格森认为,世界银行对这个小国的简洁描述表明，它是一个遥远而孤立的地方，一个因山脉和文化传统而与世隔绝的绝望之地。与之相反的是，他证明了莱索托与南非的紧密联系，特别是作为南非矿山的移民劳动力的储备地（Schapera 1947）。在世界银行的美化版发展中，为斯里兰卡或秘鲁制定的政策同样应该应用于莱索托。然而正是政治使这些国家不同，莱索托的发展政策仅仅聚焦在扶贫这个狭窄的方面，其他维度则被合乎规范地排除出政策考虑范围。

在西方媒体看来，非洲不过是启示录四骑士的游乐场：瘟疫、战争、饥荒和死亡。然而，非洲大陆的人口正以每年2.5%的速度增长，预计到2050年将达到18亿，约为人类的四分之一。从20世纪开始，非洲作为世界上人口密度最低和城市化水平最低的主要区域，经历了空前速度和规模的人口爆炸和城市革命，现在这两方面都接近全球平均水平。亚洲制造业出口国比西方国家更快地认识到非洲在世界市场潜在份额的重要性。随着该地区唯一的资本主义强国南非以及像中国这样的新兴国家发挥重要作用，非洲大陆的发展前景在未来半个世纪可能会大大改善。

四　非正式经济

1945年以来，全球城市化进程大部分是在第三世界国家展开的，任何人只要访问这些曾被称为"第三世界"的不断往外蔓生的城市，就会对迈克·戴维斯（Mike Davis 2006）所说的"一个满是贫民窟的星球"有一个生动的印象。他们的街道上充满了生机，小贩、搬运工、出租车司机、乞丐、皮条客、小偷、骗子川

第六章 不平等的发展

流不息——他们都在没有"一份真正工作"的情况下勉强度日。狄更斯的读者早已熟悉的这种早期现代街头经济并不缺少名称,诸如"地下""不受监管""隐蔽""黑色"和"第二经济"这样的词汇比比皆是。如果说人类学家参与发展一直是官僚就业、民族志和批判这三者之间的令人不安的妥协,那么这个职业至少为发展的理论和实践贡献了一个观点:非正式经济的观点。

在启动人类学的"文化转向"之前,克利福德·格尔茨在20世纪50年代和60年代写了四本关于经济发展的书,其中最重要的是《小贩与王子》(1963),这本书考察了印度尼西亚企业家的两个面貌。一方面,爪哇城的大多数居民都生活在街头经济中,他把这种街头经济标注为"集市型"(bazaar-type),以当地主要的经济制度"苏格"(suq)命名。"企业型"(firm-type)经济主要由受益于国家法律保护的西方公司组成。这些经济有着马克斯·韦伯(Weber 1922a)的"理性企业"意义上的形式,以规则、计算和规避风险为基础。国家官僚制度为这些公司提供了一定程度的保护,使其免于竞争,从而允许资本的系统性积累。另一方面,"集市"是个人主义和竞争性的,所以这种积累几乎是不可能的。克利福德·格尔茨识别了一群改革派的穆斯林企业家,他们理性且精于算计,足以满足马克斯·韦伯的意识形态要求;但是他们被剥夺了国家官僚机构对现有企业的制度保护,因此他们的资本主义版本出生伊始就陷于停滞。在《小贩与王子》和他后来关于摩洛哥"苏格"(1979)的著作中,格尔茨指出,现代经济学使用集市模型来研究个人在竞争市场中的决策,而将受到国家官僚机构保护的主要垄断企业视为异常。经济学家在19世纪末发现了这种模式,当时正值一场官僚革命在沿着公司的路线 114

改变着规模生产和消费，更强大的国家正在巩固国家资本主义。

格尔茨的爪哇集市文章与另一篇关于巴厘岛的文章结为姊妹篇。在巴厘岛，一些王子阶层的成员开始拥有工厂，其主要目的是保持一支政治支持者的军队就业。他们对这些企业的管理很少或根本没有遵循经济学原理。他们在任何情况下都会保持员工在职，不管利润如何，因为重要的是保持追随者。这个故事可以被看作是"社会主义"的讽刺寓言，这是冷战的另一方，是下一章的主题。

本书大部分读者实际上都生活在我们可以称之为正式经济的环境之中。这个世界讲的是工资或补助、房租或抵押贷款、干净的信用评级、对税务当局的忌惮、正常的膳食、适度的兴奋剂使用和良好的健康保障。当然，家庭会时不时地遭遇经济危机，有些人感到永远处于弱势，尤其是学生。但是，使这种生活方式"正式"的是其秩序的规律性，一种可预测的节奏和控制感，是我们常常认为理所当然的东西。

哈特（1973）在西非一个城市的贫民窟完成田野调查并获得博士学位，在那里他发现上文所说的这种隐含的经济方法非常不合适，他试图向发展经济学家传达他的民族志研究经验。刘易斯（Lewis 1978）关于发展中经济的二元模型在当时非常有影响力，而"正式/非正式"这一概念组合的产生，是因为他试图弄清，当农业劳动力迁移到城市，城市的市场处于工业资本主义的脆弱组织之下，此时到底发生了什么。经济的正式方面和非正式方面当然是联系在一起的，因为"非正式"的概念是随着正式的线路组织即社会的体制而来的。正如我们在第四章讨论形式论时所指出的那样，"形式"是规则，是社会生活中应当具有普遍性的一种

第六章 不平等的发展

思想；在 20 世纪的大部分时间，主要的形式一直是官僚主义，特别是国家官僚主义，因为社会在很大程度上已被认同为民族国家。

在制定发展政策的圈子里，20 世纪 70 年代初的全球危机表现为对"第三世界城市失业"的恐惧。在那里，城市在迅速发展，但是被政府和企业视为正规就业的工作岗位却没有相应地增加。凯恩斯主义者和马克思主义者都认为，只有国家才能引导经济走向发展和增长。因此问题是："我们"（官僚机构及其学术顾问）将如何为民众提供他们所需要的工作、健康、住房等？如果我们不这样做，会发生什么？城市骚乱甚至革命的幽灵抬起了头。"失业"让人想起大萧条时期的情形，一群群精神崩溃的人挤在街角。

这整个故事与哈特在阿克拉（Accra）贫民窟为期两年的田野调查经验是不符合的。他想说服发展经济学家放弃失业理论，认识到草根经济有着官僚无法想象的内容。他没有打算创造一个概念，只是想在发展行业正在进行的辩论中插入一个关于非正式经济活动的特殊的民族志研究视角。但是，国际劳工局关于肯尼亚的一份报告（1972）确实想要创造一个概念——"非正式部门"——这个概念后来成为将部分学者和决策官僚组织在一起的一个关键词。因此，可以公平地说，"非正式经济"概念具有双重来源，反映了发展的两个方面：官僚主义（国际劳工组织）和人民（民族志）。

没有人预料到接下来发生了什么：在新自由主义提出减少国家对自由市场的控制的情况下，国家经济和世界经济本身被激进地非正式化了。不仅资金管理转移至离岸，而且企业也实施劳动力外包、裁员和临时工化；公共职能往往以腐败的方式被私有化；

毒品和非法武器交易开始兴起；全球就"知识产权"展开的战争成为追求利润的核心动力；整个国家，例如蒙博托（Mobutu）的扎伊尔，在经济事务中抛弃了所有的正式性伪装。那么非正式经营就不再像"墙上的洞"一般，存活于法律缝隙之中。对市场的狂热导致非正式经济的"制高点"控制了国家官僚机构。因此，非洲70%至90%的国民经济现在被称为"非正式"经济，合法形式和非法形式的资本主义融合已经到了难以区分的地步。2006年，日本电子公司NEC发现了自己的非法对应公司，它用同一个名称进行类似规模的经营，并获取更多的利润，因为它完全处于法律管辖之外（Johns 2009）。

作为新自由主义全球化的产物，非正式经济走过了漫长的道路。也许现在到了我们对不受监管的经济活动采取更加区别对待的时候。即便如此，如果"发展"是提高全世界生活水平的愿望，那么就必须作出一些努力，将官僚机构的协调力与民众自我组织的能量结合在一起（Guha-Khasnobis et al. 2006）。

五 超越发展？

富裕国家帮助贫穷国家"发展"的前提，首先是保持他们的殖民主身份，然后是在民族独立的框架内进行，这在战后几十年里确实有一定的影响力。但是三十年的新自由主义全球化已经破坏了这一切。当债务偿还使贫穷国家的收入枯竭时，结构调整削弱了政府保护其公民的能力，援助水平降低到仅仅是象征性的程度，难怪许多人现在认为发展是富裕国家虚伪地宣称其道德优越性，它掩盖了我们这个世界的经济现实。因此，"后发展"方法

第六章 不平等的发展

的倡导者认为现在发展已经结束了（Rahnema and Bawtree 1997）。他们倾向于把重点放在社会运动上，例如过去十年里由一系列世界社会论坛汇集起来的那些运动，这些运动对新自由主义全球化的前提和做法提出了质疑。弗格森（Ferguson 1990）和阿图罗·埃斯科瓦尔（Arturo Escobar 1996）等批判性人类学家声称，"发展"只是一种说话的方式（话语），对现实社会没有任何真正的影响，除了玩世不恭地维持这样的现状：一些富人变得非常富有，而穷人则肯定还是那么贫穷。

在大萧条时期，凯恩斯（Keynes 1936）为那些担心本国政府会被经济崩溃造成的贫困和失业压垮的国家精英们提供了一个切实可行的解决方案：增加大众的购买力。今天的富裕国家都在大多数活着的人组成的人类苦海里以相似的方式漂泊着。马克思认为，社会生产关系是生产力发展的诸多桎梏，他这句话的意思是资本主义市场并不能为了整个社会的利益而组织机器生产。今天，发展人类经济的主要障碍是民族国家的行政权力，它阻碍了更适合最近出现的全球一体化形势的新的世界经济形式的出现，也阻碍了通过购买力的跨国再分配来减轻世界贫困的凯恩斯方案的实施。

现代政治经济学的核心有一个巨大的谎言。我们生活在自称为民主制的国家里，在这些国家人人平等自由是一项普遍原则。然而，另一方面又必须证明，给予某些人较低级的权利是正当的，否则功能性的经济不平等就会站不住脚。这种双重思想铭刻在现代民族国家的基因里。民族主义是种族主义的，只不过不像后者那样假装是系统化或全球化的。所谓的民族本身往往是几个世纪不平等斗争的结果，它们将文化差异与出生联系起来，反对给予所有来者以公民权利。由此产生的身份认同建立在领土分割和人口跨越国界的流动管制之上，证明对非公民的不公平待遇是合理的，并使人们无视人类的共同利益。

现代经济普遍存在着二元论，因为需要将生活机会极度不平等的人们隔离开来。当恩格斯（1845）来到曼彻斯特，他注意到有钱人住在郊区，在市中心工作；他们乘车沿着大街往来于他们的商店，那些商店的外墙遮挡住了后面贫民窟里糟糕的住房条件。在后种族隔离时代的约翰内斯堡，这种情况发展到了极致，北部郊区富裕白人的封闭社区由私人保安公司维持治安，而贫穷的黑人仍然聚集在单调的乡镇。现在，种族隔离原则在当地的歧视制度中随处可见，并或多或少是明目张胆的。

富裕国家和贫穷国家人民之间的历史关系是双向流动的。如果说第一次世界大战之前的几十年是一个以欧洲人大规模迁移到温带地区的新定居地和亚洲苦力迁移到热带殖民地为特征的"全球化"时代，那么我们自己的这个时代已经见证了贫穷国家居民向西方主要中心的迁移。西方资本统一了世界经济，大规模机械工业的兴起鼓励了国内高工资经济的出现，它与殖民地廉价劳动是分离的。如今，最廉价的农产品来自巴西，最廉价的制造业来自中国，最廉价的信息服务来自印度，最廉价的受过教育的移民劳动力来自苏联帝国的废墟。三十年的新自由主义经济政策鼓励了来自贫穷国家的移民潮，随之而来的是西方工人正在同时面对国内外更为激烈的竞争，这正如资本通过向新的生产与积累区扩散而首次真正成为全球资本一样，特别是在亚洲。通过系统的种族歧视将高收入和低收入劳动力流动队伍分离开来，已经被提升为世界社会的一项普遍原则，在各个层面得到了或多或少公开的复制。

第六章　不平等的发展

六　结语

经济和政治危机迟早会迫使人们重新思考世界人类经济的组织原则。人类学家不仅需要展示，面对当今全球的不平等，人们如何在当地组织自己，还需要展示如何建设更加公正的社会。这涉及对当前的"发展"思想和以此名义进行的实践展开根本性的批判。最近，富裕国家越来越坚持生态或环境上的必做之事，通常被称为"可持续发展"。这里的前提是，穷人不可能变得像富人一样，因为所有东西都不够供应。西方国家（以及一些亚洲国家）利用自身经济和人口衰退的优势，重新提出了最初于20世纪70年代出现（Meadows et al. 1972）的"增长极限"理论。精英阶层一直担心穷人无节制的人口扩张会威胁到他们的安全，这种情况现在已经达到了全球的程度。

富裕国家建议将发展中国家的温室气体排放限制在低于美国和欧盟的水平。今天，巴西、印度、中国、南非和其他全球资本主义重组的主要参与者对此表示反对，这并非毫无道理，因为大气中已经存在的大部分二氧化碳都是西方造成的。在2009年哥本哈根"全球变暖"峰会上，巴西和中国领导人都开玩笑说，美国就像一个富人，在宴会上狼吞虎咽地大快朵颐之后，邀请邻居们进来喝咖啡，然后让他们平摊账单。想象一下，如果正在失去世界经济主导地位的英国，建议德国和美国以可持续发展的名义限制自己的发展，那么德国和美国会作何反应？

发展的旧前提对绝大多数活着的人仍然适用。他们想成为他们在电视上看到的一个特权世界的真正公民。他们希望得到比已经拥有的更多东西，而不是被告知是时候勒紧裤带过日子了。非洲人的家庭仍然有很多孩子，因为他们经常失去孩子。如果他们的人口每三十年增加一倍，这表明在保护他们免受战争、疾病和饥荒方面所取得了有限的进展。但他们知道，要享受西方国家认为理所当然的现代经济利益，他们还有很长的路要走（在西方，这种经济利益可能不会永远持续）。在那之前，发展的动力将继续淹没在为保护环境而限制发展的呼吁声中。

第七章　另一条道路——社会主义

我们已经注意到，从19世纪社会主义兴起，到20世纪60年代和70年代的西方马克思主义者，社会主义对资本主义市场经济的批判对经济人类学的形成产生了影响。其主要形式是将社会主义概念和西方思想的相关潮流应用到一系列非西方社会。亚细亚生产方式是否存在？非洲是否有封建生产方式？彼得·克鲁泡特金（Peter Kropotkin）王子的互助理论（1902）能否说明布须曼人（Bushmen）之间的相互交换？当代农民是否可以被理论化为"小商品生产者"？

与之相反，我们在这一章提出的一些问题涉及的是那些或多或少系统地寻求创建社会主义形式的社会和经济的国家，这种形式是市场资本主义的替代性道路。从1917年俄国革命开始，"实际存在的社会主义"日常人类经济对社会科学研究者是真正封闭的，所以冷战时期的政治谩骂和西方马克思主义内部的宗派斗争都是在对世界上最大的国家内实际发生的事情一无所知的情况下进行的。第二次世界大战后，苏联成为一个国际联盟组织无可争议的领导者。20世纪经济人类学的黄金时代在时间上不仅与"嵌入型自由主义"（Ruggie 1982）在西方所创造的漫长繁荣期相吻合，而且与在欧亚大陆北部占据主导地位的社会主义替代方案的鼎盛时期也相重合。至 20 世纪 60 年代，苏联莫斯科在提高生活水平、与美国展开"太空竞赛"、与非洲及其他地区新获独立的国家分享资源和技术等方面都有值得骄傲的成功。

这个"第二世界"大多数地区的经济发展同样必须解决我们在上一章讨论过的一些基本问题，但是资本主义现代化范式被他们拒绝了，他们带着农业时代的所有怀疑来看待贸易和货币。生产资料转变为集体所有，主要形式有两种，国家所有制在意识形态上被认为优于农场与工厂劳动者的合作所有权制（cooperative ownership）。以惊人的速度崛起的苏联工业经济在许多方面都明显不同于西方，尤其是在吸引妇女进入劳动力市场和变革家庭关系方面。西方社会科学家提出了各种理论来理解这种形式的社会主义。在农村，社会主义计划经济和资本主义生产方式之间的对比明显强于城市工厂，但是几乎没有证据证明苏联当局成功实现了，甚至是成功地接近了他们"新苏维埃人"的理想。中央计划体制的特性促使经济行为局限在该体系的范围之内。

在回顾关于社会主义的研究文献之后，我们继续考虑过去二十年苏联集团的转变，尤其是其产权关系的变化。最后，我们谈谈当代东亚的混合形式，我们要问的是，这意味着社会主义替代方案的最终结束，还是该替代方案可能在 21 世纪出现复兴？

一 社会主义

几乎毫无例外，社会主义国家在人类学方面都有各自继承于社会主义之前的学术传统，但是他们往往侧重于研究具有异域风情的少数民族（例如在俄罗斯和中国）或工业化前的农民

第七章　另一条道路——社会主义

民俗文化，在东欧的"民族民族志"（national ethnography）中，这些民俗文化被认为保存了民族的本质。这两种向度的研究都没有高度重视经济人类学，也没有能力研究社会主义变革的影响。尽管在俄罗斯，民族民族志被更严格地重新设计过，使其符合马克思的历史唯物主义，但是在东欧，民族民族志已证明有惊人的持久性。人类学通常被称为民族学，它与研究原始和落后有关：那些必须被社会主义的前进步伐所征服的对象。对人类学家而言，研究社会主义是不可能的，除非通过一些看起来有不同主题的作品中出现的讽刺性评论去进行研究。除了少数同事，这些颠覆性的寓言只有苏联人类学文献的热切跟踪者英国的欧内斯特·盖尔纳（Ernest Gellner 1988）才能理解。俄罗斯的学术传统为经济人类学做出的最大贡献就是乡村的农业统计。然而，甚至在1937年其杰出人物亚历山大·恰亚诺夫被执行死刑之前，这种传统就已经消失了。

西方学者的早期研究是在偏远的农村地区进行的，这些地区被视为人类学家的自然栖息地。对一家苏联集体农庄（kolkhoz）最详细的研究是由卡罗琳·汉弗莱（Caroline Humphrey）在布里亚特（Buriatia）做的（1983），该研究以20世纪60年代的田野调查为基础，距离集体化刚刚过去一代人的时间。汉弗莱揭示了农场官员如何找到空间就其上级下达的计划目标进行谈判；更广泛地说，被称为卡尔·马克思集体农庄（Karl Marx Collective）的现代主义官僚机构是如何充斥着当地的亲属关系和宗教习俗的。后来对东欧集体化农业机构的研究更多地注意到普通村民在追求个人利益方面所用的策略以及他们取得的巨大成功，有时他们与集体管理层进行卓有成效的合作，有时甚至颠覆了规划者的目标。

20世纪80年代苏维埃乌兹别克斯坦的"棉花丑闻"就是一个极端的例子。虽然一些观察家和许多中亚学者自己都认为,莫斯科是该地区的殖民强权,但是上下多层面合谋伪造计划数据的做法,使大量资源得以从中心区域流向周边地区。这里也和通常的情况一样,资源的涓滴效应确实给地方社区带来了实质性的利益。

在东欧,斯大林主义的"农村工厂"理念让位给了现代化进程,这里所发生的与其他人类学家在西欧和南欧记录的现代化进程没有太大区别,比如婚姻选择的个性化趋势和农村的人口迁徙。最初的动乱涉及从旧的精英群体那里占用土地,之后革命被"驯化"(Creed 1998)。令人惊讶的是,新制度给农村带来了极大的繁荣。根据社会主义意识形态,即使是已经集体化了的农民,在与工业无产者的阶级联盟中充其量也只能是初级伙伴。然而,在实践中,合作农场的成员通常可以找到一些机会从事私人商业活动。政府不能冒险关闭中央计划之外的市场渠道,因为这样做会危及正在迅速扩大的城市人口的粮食供应。即使是城市化程度低一些的国家,也比西方通常认为的给予私人经济活动更多的空间,例如建房和奢侈品的获取。

社会主义革命在中国的实施时间比较长,随着1979年以后"家庭承包责任制"取代集体生产,农村的生活水平最终也开始迅速提高。

匈牙利过去几十年的社会主义文献异常丰富,因为对外国人来说,进入匈牙利比进入第二世界的其他国家要容易得多。而匈牙利民族志研究者相对而言也能更自由地记录社会主义农村的戏剧性变革。1956年发生的一场反对社会主义的"反革命"事件平息约十年之后,布达佩斯执政者于1968年开始实施改革,对农村

第七章 另一条道路——社会主义

产生了最大的影响。1968 年后向家庭提供的激励措施引发了高比率的"自我开发"(Chayanov 1925)。从前，农民的经济行为受到城市势利者的鄙视，但很快大批知识分子也以同样迫切的心情利用这些新的机会进行私人积累。匈牙利的证据驳斥了被主流经济学家视为理所当然的观点，即只有安全可靠的财产权利才能激励一个更有效率的生产系统。匈牙利村民没有明确界定的土地权，甚至没有他们的"家户自留地"(household plots)的所有权，但这对他们的职业伦理没有明显的影响，他们的劳动力是可供社会主义制度利用的。其示范性的环节是：集体农场利用现代技术在集体化的田地上高效率地生产粮食，将其中一部分卖给家庭，家庭将其作为饲料用于劳动密集型的动物饲养，然后政府机构从他们那里购买动物或私下帮助他们推往市场。社会主义经济和农民家户经济的这种"共生关系"并不依赖于生产资料的所有权；20 世纪七八十年代农村极度活跃，其推动力就是获取消费品的新兴机会，尤其是房屋和汽车这样的消费品(Hann 1980; Lampland 1995)。

当西欧人类学家的第一批东欧民族志研究出版时，卡尔·波兰尼的概念框架已经不再流行。然而，波兰尼学说的范畴显然适用于描述这些东欧社会主义的农村经济。再分配是最突出的"整合模式"，但是多年以来，社会主义的再分配制度经受了市场因素的调和：工分被薪水和工资取代，私人进入市场的渠道得到扩展。由于对土地和园子的慷慨分配，家户仍然是生产和消费的重要单位。最后，复杂的互惠模式通过社会主义时期之前的互助模式将家庭彼此联系起来，并通过"第二"或"影子"经济将家庭与社会主义公职人员联系起来。后者回馈到再分配模式，构成了在其他地方被称为"非正式经济"的社会主义经济变体的一个关键特征。其形式随处可见，受到当地通过关系做成事情的相关规范的影响，这些规范常常包含在不可译的概念之中，如俄罗斯的"*blat*"（意为"拉关系"）。

在城市工业化背景下，社会主义工作与家庭生活的界限普遍更加清晰。然而，如果包括食品在内的消费品短缺是常见现象，那么互惠网络在这里也同样重要。在一些国家（例如捷克斯洛伐克），人类学家被要求研究矿工等工人阶级群体的"民俗文化"，但他们不在工厂进行田野调查。对社会主义工厂的条件最有启发性的描述，不是出自当地或外国人类学家之手，而是由米克洛什·哈拉兹蒂（Miklós Haraszti 1977）撰写的，20世纪60年代末，哈拉兹蒂在布达佩斯的红星拖拉机厂工作。那里的工作条件在几乎每个方面都是不人道的。然而，由于工人的报酬不是根据他们在机器上花费的时间，而是根据他们完成物品数量计算的，所以工人们至少能对自己的劳动保持一定的控制。用马克思主义的话来说，虽然在这种"计件工资"制度下，剥削率可能会更高，但是异化程度降低了，因为工人在与机器的关系中保持了一定程度的自主权。这包括利用工厂设备制作并偷偷带离工厂的"私活"。私活或有一些私人的实际用途，或者只是为了审美愉悦而制作的物品。哈拉兹蒂沉湎于一个乌托邦式的幻想：如果整个匈牙利的经济能够组织起来，通过生产私活来满足人们的需求，那会怎样？

在中央计划经济体里，工厂生活的现实与哈拉兹蒂的"大私活梦想"非常不同，与我们所知道的世界其他地方的工厂生活则没有太大的区别。然而，这些工厂的工作对来自农村的劳务移民是非常有吸引力的。1990年代之后进行的研究证实，大部分劳动者享有同事间满意的社会关系。工厂这个集体是团结的源泉，往

第七章 另一条道路——社会主义

往比任何居民团体都重要。在社会主义世界的部分地区，工作团体与居民团体恰好是一致的，这种情况尤其发生在中国的单位里，它与日本的工厂社区非常相似，提供终身的工作保障。

社会主义的"短缺经济"是匈牙利经济学家雅诺什·科尔奈（János Kornai 1980）的一项经典研究的主题。科尔奈在 20 世纪 60 年代为一个过度中央集权化的经济体进行的改革提供了理论基础。他的首要目标是理解社会主义中央计划经济和资本主义市场经济之间的制度差异。他曾是一名共产党员，他的研究让人们关注到社会主义企业存在囤积劳动力的倾向，以及使企业几乎不可能破产的软预算线。预算的柔软性不是来自于市场规则的制约，而是因为被官僚监管，对他们而言，经济效率充其量只是一个遥远的愿望。日常用品的短缺无疑对社交网络产生了影响。人们在满足经济需求和开展互利互惠之际发生的接触可能会产生更多无私的友谊形式，但也可能出现相反的情况：在俄罗斯，好处费（blat payment）可能阻碍了给予者和接受者之间形成任何真正的亲密关系。有些人尽可能远离网络系统，过着"国内移民"的简朴生活。可以说，即使是这样的异类也从他们周围密集的网络联系中获益，就像西方社会的一些个人，他们自己不属于任何一个协会却因为高比例的公民参加协会而获益。无论如何，日常消费的高交易成本具有政治上的后果。他们鼓励团结一致的情绪，这种情绪很容易针对精英阶层，因为对他们而言，商品是可以大量获得的。1989—1991 年的巨变有许多原因，但毫无疑问，许多抗议者推倒柏林墙的主要动机，是希望能够自由地购买更多更好的消费品。

具有讽刺意味的是，在匈牙利，著名异见人士哈拉斯蒂和市场原教旨主义者科尔奈形成了对社会主义截然不同的批评，但事实上，在开放市场领域和促进新的消费模式方面，匈牙利比任何其他社会主义国家都做得更多。在经典的中央计划模式中，供不应求的商品通常在生产者之间和消费者之间用于交换其他的商品，拥有货币可能并无太大的帮助。在一些国家，外币（通常是美元或德国马克）承担了"万能货币"的更多功能，而当地货币的功能区间则非常有限。然而，在匈牙利的市场社会主义制度下，美元的黑市衰败了，消费者积累了他们自己的福林，一种从1968年开始统领一系列商品和服务的国家货币，这与资本主义社会所见的情况没有实质性的不同。

事实上，这一系列商品和服务有时似乎比西方更为庞大，因为资金渗透进了曾被排除在外的部门。在社会主义后期的匈牙利，最臭名昭著的例子就是医疗服务。许多公立医院的医生同时经营着私人诊所，有钱的病人可以去那里寻求更快甚至更好的治疗。即使在公立医院，病人也习惯于向医生和护士提供现金（福林纸币，通常装在普通信封里交给他们），这就是所谓的"*hálapénz*"，字面意思是"感谢金"。当然，这种报酬在道德上是可疑的。一些人认为这种做法令人厌恶，并且违反了所有社会主义原则（尽管这并不能真正阻止他们在自己家人需要医疗照顾时给予适当的报酬）。其他人指出，与社会主义经济的其他部门相比，医疗保健领域的工资相对较低，因此，这些非正式支付可以被视为一种合法的补充。

支付"感谢金"的做法被雅诺什·科尔奈这样的市场社会主义批评者牢牢抓住，他认为这条道路根本不可行。中央计划经济中的腐败行为可能被辩护为一种必要的润滑剂，没有这种润滑剂，这个体系就根本无法运转。但随着市场社会主义的扩张，金钱贿赂的泛滥似乎是某些市场继续受到管制和财产权受到限制的必然结果。科尔奈（2001）相信，这将是体制转变的试金石。

凯瑟琳·维德里（Katherine Verdery 1996）是唯一一位尝试提出更具普遍性的社会主义理论的西方人类学家。她引用了科尔奈和其他具有批判性的东欧知识分子的研究和她自己在罗马尼亚的田野考察，她认为整个体系是由一种冲动驱动的，这种冲动不像西方公司那样最大化货币或资本，而是最大化她称之为国家官员的"分配权力"。就这样，她在一个与自由市场相对立的体系中坚持了形式论的经济人类学公理。这是一个优雅的分析，它对齐奥塞斯库领导之下的罗马尼亚，比对另外一些社会主义国家更有效，后者在20世纪70年代和80年代通过开放市场，在很大程度上克服了基本消费品长期短缺的问题。我们将回到东亚背景下"社会主义混合经济"的可能性。但首先让我们回顾一下苏联集团的后社会主义经验，在那里，旧政权在1989年至1991年急剧地崩溃了。

二 变革

至20世纪90年代，经济人类学领域的特点已经不再是对立理论学派之间的激烈辩论。现在对西方人而言，在苏联集团内做研究比过去容易得多，这些研究反映了整个学科的趋势。与劳动力市场的剧烈变化相比，这里对新的消费形式给予了更多的关注，但对市场、财产关系和个人应对策略都进行了深入的探讨。随着多党民主制的引入和公民社会的扩大，计划经济向市场经济转变，集体财产向私有财产转变。与西方的新自由主义一样，市场思维扩展到了与通常意义上的经济无关的领域。许多西方顾问（有时借用人权的言辞）非常重视开放"宗教市场"，允许外国宗教组织传播他们的福音。在工作不稳定和体制解体的情况下，新教福音派团体的信息往往落在肥沃的土地上（Pelkmans 2009）。

早期的分析家区分了苏联集团市场经济的两条可供选择的路径。一条被概括为"休克疗法"，这是美国经济学家杰弗里·萨克斯（Jeffrey Sachs）于1989年向波兰提出的建议（Lipton and Sachs 1990）。萨克斯建议不采取折中措施或推诿搪塞：除非立即对国有资产进行全面私有化，并要求所有经济行为者实行"硬"预算，否则市场的好处将会消失殆尽。波兰为一丝不差地接受这个建议而付出了高昂的代价，但最终生产确实恢复了，在21世纪第一个十年，增长率相对较高。另一条道路被称为"渐进主义"。其倡导者赞成让国家慢一些处置其财产，进行干预以保持就业水平，限制或延迟外国资本流入。事实上，这两条道路之间的差异不久就很难分辨了；人们开始注意后续改革的技术问题，本区域所有国家都被迫适应它们所加入的世界市场的纪律。

在那些较长时期内市场原则一直受到压制的国家，体制的"过渡"进程往往具有更残酷的破坏性。因此，在一些评论家看来，20世纪90年代的苏联集团似乎是在走向封建主义，而不是资本主义：社会主义经理人变成了法人（de iure），或者至少是事实上的（de facto）私人所有者，但他们发现自己不得不像黑手党老大那样运作。取代中央计划的不是由货币驱动的市场机制，而是以新式庇护制和腐败为媒介的易货交易。人类学家以各种方式记录了这些过程。贾尼恩·韦德尔（Janine Wedel 1999）通过跟

第七章 另一条道路——社会主义

踪西方国家向俄罗斯和波兰提供的援助和政策建议,将关注点放在国家间层面。她记录了捐赠者和接受者之间持续的脱节,以及美国在当地官僚滥用资金方面的广泛共谋。根植于不同价值观的文化误解是这个故事的一个元素。另一个元素是个人对可能性的滥用,这些可能性是因为意识形态要求通过非国家组织提供援助而生成的。

更多的时候,人类学家专注于记录更基础的市场操作,并做理论化研究。实质论者在此之前就提出,集市是工业化前社会的中心机构,随着工业化社会中占支配地位的市场原则的兴起,它往往失去其重要性。但在苏联的领土上,小型市场在20世纪90年代大量涌现,甚至出现了对外贸易远征,比如格鲁吉亚人和保加利亚人租用公共汽车前往资本主义的土耳其。这些"商人游客"中有许多是去集体化和工厂倒闭潮的受害者,他们出售在工作场所甚至自己的公寓里能够找到的各种东西,以满足基本的生存需要(Konstantinov 1997)。小规模销售是一种生存策略。另一个甚至对部分城市人口也变得很重要的方法是加强在家庭自留地或城市配额场地上的自给生产。正如在赞比亚铜带地区(见第八章),这些发展给数百万人造成了一种不安的感觉:他们一直以来体验的所有现代的、进步的东西,现在正在不可避免地从他们身边消逝。

几十年来,市场和货币当然一直是之前宣传的抨击目标,这种宣传有其更古老的传统为基础,即贬低通过诚实劳动以外的方式获得的财富。民族志作者记录新的"商人"(*biznismen*[①])的

[①] 塞尔维亚-克罗地亚语。——译者

出现，他们能够从新的危机中获利。民族志作者也记录继续存在着的对投机行为（spekulatsiia①）的道德批判力量。他们发现，新的分层模式常常导致对以往的社会主义制度进行积极的重新评估。这一点在当地公司被西方公司接管时尤其清晰，西方公司引入新的管理方法，与当地的价值观发生冲突，影响整个家庭（Dunn 2004）。东德工人很快对新的市场经济感到"幻灭"，在这种经济中，他们的工作场所（如果他们有的话）没有之前团队的那种舒适的共事关系（Müller 2007）。东德情节（Ostalgie，怀念东德作为一个独立国家，拥有特拉班特汽车等独特产品的时代）在一系列消费品位和艺术表达中表现得十分明显。这并不意味着人们宁愿生活在旧版本的制度中（如果他们可以的话），而是反映了他们对新精英和西方产品的主导地位的抵制（Berdahl 1999）。东德的情况是极端的，因为国家本身消失了，但是类似的怀旧情绪和对新自由主义的资本主义的抵制在其他地方也有广泛的记载。

以前由国家或较低一级的集体所拥有的资产被或多或少地快速私有化，新的市场经济得到了推进。在这里，期望和现实之间往往相距甚远。人类学家把注意力集中在农村，一些人回到了他们在社会主义时代曾经研究过的村庄和集体农庄。农村部门的私有化采取了多种形式。保加利亚和罗马尼亚尊重原有的边界，将土地私有化给了实行社会主义制度之前的土地拥有者，而匈牙利则修改了这一原则，以避免分割那些在他们相对成功的集体化过程中被整合起来的大块土地而产生负面的经济后果。相比之下，在苏联的大部分地区，土地被分割为相同的份额，平均分配给合

---

① 塞尔维亚-克罗地亚语。——译者

作社成员和使用土地的工人。在东欧大部分地区,新的所有者承担生产责任,通常是以家庭为基础;但在苏联,生产单位一般没有改变。尽管俄罗斯政府试图鼓励家庭农业,但很少有新的土地所有者试图从企业中收回他们的土地份额。社区的制裁似乎是出于嫉妒的情绪,甚至是出于"有限利益"(limited good)的想法;企业家精神受到抑制,只有那些有政治关系的人才能冒险尝试自己的运气,成为"私营"农场主(fermery)。

几乎所有地方的农村生产水平和土地生产力都在下降。东欧农民无法与欧盟受到大量补贴的农业生产竞争。随着政府补贴的结束,许多人买不起化肥,维修不起机器。由于新主人未能使用分配给他们的土地,大片耕地停产。乍一看,当他们未能充分利用新资产的经济价值,宁愿把活动限制在自己的家庭自留地上,或者试试运气,去西方某个地方做一名护理员,他们的行为是不理智的。然而,鉴于农业投入成本高,自身资本和劳动力资源不足,那些没有领取自己份额的人(有些人甚至没有费心去找出它的位置)其实是现实的。

关于这些发展的新自由主义评论通常哀叹当局未能为市场的正常运作创造先决条件。例如,高效率的地籍调查可以更有效地测量土地,高效率的法律制度可以登记所有权,高效率的银行制度可以使新业主获得开始商业耕作所需的信贷。这些观点都是有效的,但他们忽略了更重要的东西,即农村社区的道德价值观。土地和劳动是卡尔·波兰尼的两种"虚构商品",他的见解在这些地区的农村一再得到证实。例如,许多试图成为土地所有者的匈牙利人是老年村民,出于对祖先的尊重,他们觉得有义务登记所有权,不管这块土地是否有希望提供任何经济回报。在许多地方，农业用地成了一项负债而非资产。建立农业劳动力自由市场的想法对于道德社会来说并不陌生（在这里，我们应当记住，无报酬的家庭劳动继续在最发达的资本主义经济体的农业部门发挥着关键作用）。

在旧体制的废墟上，新的精英阶层很快开始出现，有时被普通人和学术观察者认作是一个新的阶级。最有利可图的资产往往是被前权力阶层获得的，他们拥有信息和"社会资本"，能够利用新资产获得利益。在匈牙利的农村地区，"绿色贵族"发挥了关键作用，他们是受过良好教育的社会主义机构的管理者，现在他们被要求解散这些机构。匈牙利农村过渡得相对平稳，部分原因是新企业家在之前的几十年里接受了有益于当前角色的培训。但是，欧亚大陆农村地区的去集体化和私有财产立法，无论对建设更有效的经济组织，还是对培育更有吸引力的社区生活形式，总体上都没有发挥有益的作用。特别是在中亚地区，新形式的庇护制远比旧的社会主义官僚制度更压抑，同时资源比以前更少地流向当地民众（Trevisani 2010）。

在城镇和乡村，正如后社会主义时代的公民自己所嘲讽的那样，大多数商品的确更容易获得了，但只对那些有能力支付的人才是如此。拥有良好的社会网络已经不足以获得新车或拖拉机，也不足以在巴拉顿湖或红海度假，只有金钱才能支配商品。对许多家庭来说，生存已经成为一个真正的挑战。即使在绝对贫困人口没有增加的地区，观察新富者修建的别墅和当地人大多缺少财力在其中消费的新的城市购物中心，心中也会产生一种被排斥和相对贫困的痛苦感觉。南斯拉夫联盟共和国的崩溃为我们提供了购物行为转变的鲜明例子。在社会主义制度下，妇女们习惯于在

第七章 另一条道路——社会主义

物品齐全的百货商店购物,但是近年来,这些商店一方面被豪华的新购物中心所取代,另一方面让位给了小商贩和跳蚤市场。一位波黑妇女直截了当地告诉人类学家拉里萨·雅萨雷维奇（Larisa Jasarevic 2009）:"如果在杂货店看见一双长筒袜,我是不会要的!"

许多民族志研究表明,自社会主义时代以来,家庭和社会网络的性质发生了很大的变化,如果这是临时性劳动力迁移造成的结果,其整体规模也很少被官方统计数字所掌握;然而,它与较富裕的资本主义经济体的主导模式相比,仍然存在着重大差异。在过去的短缺经济中,关于货物供应的信息是一个重要的资源。如今,在西方大都市,有关工作和临时住所的信息也同样重要。现在和当时一样,许多人对那些似乎可以大量购买奢侈品的精英阶层心怀怨恨。但是这些新财富的来源还不如之前政府某些要职人员（*nomenklatura*）享有的特权来得透明。

人类学家是最早质疑以下这类抱有简单期望的群体之一,期望苏联等国将迅速与西方民主国家的规范实现接轨。我们更喜欢谈论转变而不是过渡,转变这个术语包含了一个新的稳定条件。二十年过去了,这种稳定仍然遥不可及。其他学科已经开发了"路径依赖"这样的概念工具来解释越来越不同的发展轨迹。人类学家还没有提出自己的关键概念。与第五章所阐述的文化转向相一致,他们关注某些具有象征意义的具体秩序;即使他们研究了贫穷和边缘化的紧迫问题,他们也很少超越当地的细节。也许他们的主要成就一直是记录韧性,探索被其他学科忽视的连续性,其中包括仍然带有社会主义印记的规范性愿望的残存力量。这些国家在社会主义时期之后的经济与其前生一样,是一个混合而复杂

136

的整体，其中，卡尔·波兰尼的每一种整合形式都有其相关性。非人格化的市场和与之相关的道德规范已经以牺牲其他的形式为代价而大大扩张了。波兰尼在19世纪英国界定的这种脱嵌，许多人都经历过这种情况。不幸的是，人们对物质、社会文化和道德等多种形式的剥夺的反应并不总是温和的。因此，在前第二世界，波兰尼"双向运动"常常带有民粹主义的反应和仇外心理的印记。

匈牙利医疗专业人员的酬劳问题，这个雅诺什·科尔奈所说的成功转型的试金石，测试情况怎么样？在苏联－东欧社会主义解体20年后，尽管医生和护士的工资和薪水有了显著提高，但是住院的匈牙利人仍然需要支付"感谢金"。接受者坚持认为这与他们提供给病人的治疗是没有关系的，但后者不敢不给。如此转手的资金部分由高资质的年轻医生投资于斯堪的纳维亚语课程，因为许多人被北欧医疗保健市场更高的工资所吸引。

三 社会主义改革

如果说苏联社会主义联盟的消亡给人类学家带来了一系列的挑战，那么社会主义制度在其他地方的坚持则是另一种挑战。古巴就是一个很有趣的例子。自从苏联停止援助以来，这个岛国不得不在许多领域扩大市场范围。考虑到中国和越南的规模和近几十年来非凡的经济增长，这两个国家具有更大的吸引力。在一些观察人士看来，中国在1979年，毛泽东去世仅三年之后，发起了影响深远的改革，20世纪80年代类似的活力在越南展开，这些改革具有自身的一些特征。大多数生产资源是集体所有而非私

第七章　另一条道路——社会主义

人所有，而且中央政府仍然可以在各个层面上影响经济活动。此外，这些社会通常被其成员理解为社会主义社会，而非国家资本主义或任何类似的标签。在中国，"社会主义改革"是过去三十年最受欢迎的标签。

这些改革政策使数百万人摆脱了先前的绝对贫困状态（马林诺夫斯基的学生费孝通在 20 世纪 30 年代记录的贫困状态）。市场原则不允许在所有领域占主导地位，私有化进展缓慢，能源等关键性公共利益部门的最大公司仍为国有。国家出台了社会保障计划，保障城镇就业人员的"最低"生活水平。最重要的是，农业用地仍然归当地社区所有，由家庭耕种，因为经验证明，家庭是农业部门最有效的生产单位；但土地是长期租赁的，在许多地区，仍然通过定期仔细地重新分配土地来满足人们实际的生存需要，以保持平等。中国农村面临着巨大的经济和人口挑战。但事实是，在没有大规模实施土地和劳动力商品化的情况下，中国已经采取了实现其现代化的重大步骤。

农村变革的一个关键特征是大量劳动力外流，形成城市中的"流动"人口。就像南半球各地的移民一样，新到北京的人依赖他们的非正式社会网络，他们没有被纳入官方的社会保障计划（Zhang 2001）。但数以百万计的新来者已经在新工厂找到了工作，其中许多是外资企业，为全球市场生产产品，这些工厂的竞争压力经常被用来证明苛刻的工作条件是合理的。许多人最终会回到他们的村庄，通常带着至少一小笔养老金。城市社会保障不再是单位的责任。住房已经私有化，工作流动大大增加。新的消费习惯使这个改革的城市看起来更像它的西方对应城市。

然而，这并不是唯一可能的诊断。虽然市场明显占主导地位,但可以认为,市场的主要功能是促进斯密和李嘉图意义上的劳动分工,这有利于所有公民的福祉。显然,渐进主义战略得到了相当多的民众支持,共产党今天可能比毛泽东时代的困难时期更受人尊敬。我们可以用波兰尼的术语将这条道路理论化为:在革命的社会主义经验中重新嵌入特殊性的一种形式(Hann 2009)。1945年以后,先进的资本主义国家为了促进社会民主而限制市场,20世纪末,东亚社会主义国家则对之前激进的再分配原则进行了重新调整。在经历了极端"脱嵌"的暴力之后,东方和西方都不得不寻求一种新的平衡。这不可避免地带来了相当程度的趋同,但是得出这两者已成为同一体的结论还为时过早。

四 结语

第二世界的经济人类学家还没有提出一个可以与非正式经济相比的概念,但杰拉尔德·克里德(Gerald Creed)"驯化革命"(domesticating revolution)的观点引起了人们的关注。实际存在的社会主义经济差别很大,但大多数是复杂的、混合的形式。中央计划经济的教条,以及社会主义和集体财产与资本主义和私有财产之间的二元对立只是全局的一部分内容。市场社会主义这个名称更适合用来标示1968年之后的匈牙利这样的例子,但即使是这个标签也掩盖了家户的关键作用,以及社会网络和自发合作的特有方面。

1989年的转变在一定程度上是由于许多国民将本国经济的低效率表现与西方市场上更充足的消费品供应进行了不利于本国的比较而引发的。然而事实证明,在某些方面,要驯化新自由主义

第七章　另一条道路——社会主义

的革命，即使不是更难，也同样具有挑战。同时这些公民很快对他们的"转型"感到幻灭，二十年后，"东欧情结"绝不仅限于德国东部。苏联集团失败的实验和建立市场资本主义所需的社会工程的大规模建设——这两个阶段使我们对人类经济的复杂本质和乌托邦主义的种种危险有了深刻的认识。与此同时，中国和越南将市场的范围扩大到远超 1968 年后匈牙利在市场社会主义方面的开创性实验。这些改革加在一起形成了社会主义的"嵌入"，类似于"二战"后西方资本主义经济的重新嵌入。正如卡尔·波兰尼所说的，这两种情况的关键问题都在于在市场交换原则和再分配原则之间建立起新的平衡。

但事实证明，西方社会民主实验的嵌入型自由主义是寿命短暂的。随之而来的是新自由主义的反作用，它最终导致了一场经济危机，对均已完全融入全球经济的后社会主义国家和改革型社会主义国家都造成了影响。随着苏联社会主义模式退出而成为过去，人类学家已经弃用"后社会主义"这个术语。一些人用马克思主义对"剥夺"的分析来解释城市和乡村的保守政治观点。还有一些人将其与"后殖民主义"理论进行比较，强调世界各地都受到了社会主义的影响，就像之前受到西方帝国主义的影响一样。自从冷战结束以来，我们更容易看清，我们心中所持的第二世界的形象在很大程度上是从未允许真正平等的西方帝国主义所维持的幻觉。

然而，对于第二世界的许多公民来说，这不仅仅是一种表象。他们积极评价社会主义的一些成就，在社会主义经济解体时为自己的损失感到惋惜。苏维埃联盟戏剧性的近期历史可以用斯蒂芬·古德曼（Gudeman 2008）所说的话来解释，市场"瀑布式"

地倾泻进之前以相互性为特点的领域，或者用经济学家更平实的词汇来表达，这是一种"集体行为问题"的具体形式。他们没有把中央计划与虚幻的相互性混为一谈。但是，处于新形势之下，他们发现，创建符合他们最深刻价值观的可行的集体主义机构也是困难的，难度甚至要超过西方国家的公民所承受的程度。从这个观点来看，今天东亚道路代表了一个可资辩护的甚至是有希望的替代方案。

第八章　同一世界的资本主义

20世纪80年代以来,人类学家终于不再局限于对"原始"社会(以及之后的"非工业"社会)的关注。我们似乎生活在一个被资本主义统一的世界里,所以人类学家现在对此进行研究。研究地点已经发生了明显的变化,回到了学科的西方中心地带;但与此同时,一些人类学家明显感觉到世界日益缩小因而拓展新的方法来研究各地的"全球化进程"。三个历史发展促成了这一转变:冷战结束,胜利方的一些人认为这是"历史的终结"(Fukuyama 1992);中国和印度的崛起,这引发了亚洲对西方霸权的强劲挑战(Frank 1998);数字通信革命,最显著的标志是互联网(Castells 1996)。

马歇尔·萨林斯(Sahlins 2002)称之为"后学"(afterology)的理论已大量涌现:后现代主义、后结构主义、后福特主义、后社会主义、后殖民主义、后发展。这与"超越发展"的可能性有关。在资本主义的情境下,有人断言工业时代的阶级制度已经消逝。富裕国家的民众对资本主义有用,不是作为劳动力,而是作为消费者所具有的购买力。在这里,关于价值的经典问题现在变成了"为什么人们要这样花钱?",这促使经济人类学发展出一个新领域专门研究本土的消费物质文化。与此同时,全球资本主义劳动力继续增多。人类学家分析了这些趋势,并完成了一批优秀的有关工业劳动和其他类型工作的民族志作品。在第二章中我们指出，经济观念历史性地在家庭与公共领域、农村与城镇、家屋与市场之间摇摆。这两极之间的关系在资本主义的最新形态中仍然是不确定的，它们仍相互竞争。是时候了，经济人类学应尝试综合而非在两个极端之间摇摆。因此，在本章中我们首先概述资本主义发展的传统理论和民族志研究，接着考虑工业劳动和消费，然后检视企业资本主义和金融领域，最后简要反思我们撰写此书时爆发的全球经济危机。

一 资本主义的发展

我们从乡村到城市、再到世界经济这样的急剧变化是经由什么样的社会和技术而组织的？这种变化对许多人已是现实。"资本主义"是这种经济机制最常用的名称，它既是一种描述，也是一种解释。19世纪50年代"资本主义"这一术语已在公共领域通用，但并未被马克思和恩格斯使用，它是在一个世纪前通过维尔纳·桑巴特（Werner Sombart 1902）和马克斯·韦伯（Weber 1904-1905）的著作成为社会理论的重要概念。它所指代的这种金钱和机器的结合常常被认为是当今世界两极分化趋势的根源。

资本是用来创造更多财富的财富。财富是一切具有经济价值的资源。人们高度尊重的东西是有价值的（Graeber 2001），但在经济学中，它通常是指任何可用一般等价物（即货币）来衡量的东西的总额。因此，资本的本质是能够增加其价值的财富（通常是某种形式的货币）。无论是在通俗的还是科学的用法中，"资本"的两种含义之间不自然地转换，一种含义强调物质或技术上的存量（生产资料、有形的设备，特别是机器），另一种含义指代已

第八章 同一世界的资本主义

在现代经济中普遍使用的货币。*Cattle*（牲口）的词源表明了资本的增加和牲畜的自然繁殖之间的类比，这意味着两个术语之间有着古老的联系（Hart and Sperling 1987）。*Capitalis*（字面意思是"头的"）意为重要的、首要的、主要的。中性名词形式"*Capitale*"是指重要的物质财产，如动产和牲口。在广义上，Capital 如同头部，对维持生命至关重要。然而，现代术语"capital"更特定地来源于中世纪的银行术语，类似于"本金"（principal）的概念，表示通过累积利息而增长的货币数量。因此有两大对立的阵营，其中一方将资本主义理解为一个广泛的、自然的范畴，意味着动植物驯养的基础，而另一方将资本主义视为一种致力于以钱生钱的更晚近且极有可能是短暂的社会安排。

作为西方文明的关键词，对资本的不同界定折射出截然不同的意识形态。大多数经济学家将资本等同于生产中所使用的以及被生产出来的货品的存量，而卡尔·马克思及其追随者在资本的定义中始终限定其形式是货币。马克思（Marx 1867）把商人积累财富看作一种剥削的社会关系，这种剥削关系是通过将资本等同于实体工厂并把利润等同于工厂所有者的合理收益来掩盖的。他与约翰·洛克（Locke 1690）一样，将人类劳动视为财富的来源，而机器的添加只是提高了劳动生产力。然而，经济学家倾向于重视生产中直接消耗掉的货品。他们还强调，并非资本家投资的劳动力，而是其他要素提高了生产力，那么随之而来的增值就是对这种牺牲的回报。这种观点用在工业经济中还能成立，因为若是把货币财富投资于机械化生产，财富的流动是可预测的。但是，许多形式的资本积累（例如，银行和贸易）并不以同等程度涉及实体工厂，扩大资本的指涉范围往往混同了货币和机器，将资本 145

呈现为一种物（也就是说，是实在的），并遮蔽了所涉及的社会关系。经济学家的定义的问题是，它不能像马克思的辩证法那样处理生产和货币流通之间关系的历史变化。当然，它无法解释我们下文即将讨论的当代金融危机。

我们把资本主义看作是一种市场经济，在这种市场经济中，巨额资金的拥有者控制着最重要的生产部门，他们的目的是使他们已拥有的资金增值。在一段时期里，最可靠的赚钱方式是通过投资机器来提高劳动生产率，或许现在仍是如此。这即为马克思的观点。对他来说，现代资本主义是一种以钱生钱的形式，在这种形式中，自由资本与自由雇佣劳动进行交换。因此，他试图说明人们的劳动能力如何从封建农业的法律障碍中解放出来，资金如何被释放出来用于投资新的生产形式。他在《资本论》第一卷文末讨论了"原始积累"的过程。亚当·斯密（Smith 1776）将利润水平与通过提高工人效率降低成本联系起来，提出专业化和分工是实现这一目标的最佳途径。马克思的伟大发现在于，这种逻辑导致更多更好的机器被引入生产过程。他论证了资本主义制度下的工资奴隶制与封建农奴制在根本上是相似的。因此，从封建方式转化而来的雇用劳动型的工业制度，是最原始的工业资本主义类型，有时也被称为"血汗工厂资本主义"。

马克斯·韦伯（Weber 1922a）并不反对马克思的观点，尽管对他来说，产权关系（"生产资料的所有权"）并没有马克思主义者所认为的那么重要。在韦伯看来，马克思主义者对这一转型的解释并不够深入。农业社会及其城市飞地在组织其经济时总是依靠传统的确定性——也就是说，它们往往重复过去的做法。因此，在人类历史的农业时期，社会和技术相对停滞。韦伯推测，如果

第八章　同一世界的资本主义

要说服人们把他们的经济生活交由资本家掌控，而资本家的主要目的是未来的利润，而利润又是不确定的，那么大规模的文化革命一定是必要的。因此，资本主义不可以仅从狭隘的经济维度，还应从政治维度甚至是宗教维度来进行考察。在韦伯看来，资本主义是一种以**理性企业**（rational enterprise）为基础的经济制度。这里的每个字眼都经过精心挑选。

　　企业是为了将来的利润而进行运营，那么整个社会怎么能把他们的生计托付给企业的不确定性呢？企业通常有两种形式。第一种是投机性的，所涉之人根据自己的直觉来碰运气。凯恩斯（Keynes 1936）将这些"动物精神"视为资本主义市场机制的核心，随着投资者群体追逐最新的暴利机会而迎来一轮繁荣与萧条的循环。韦伯感兴趣的是第二种形式的企业，这类企业的驱动力是消除依赖不确定的未来会带来的风险。理性是一种精密计算下的追逐，通过选择手段达成其明确的目的。韦伯认为，理性企业首先依赖于企业家预测结果的能力。为了让资本主义生根，不确定性必须被取代——如果不是用某些知识，那就是用可靠的概率计算。这有助于我们理解这样一个悖论：虽然资本家在其自我倡导的意识形态中称颂竞争的风险，但在实践中他们会竭尽全力避免这种风险。韦伯展示了羽翼未丰的资本主义经济如何通过建立更可靠的计算方法而取得发展。这意味着在记账、工作实践和技术方面的改进。首先，国家必须关注企业的需要，用法律来保护企业的财产和利润，稳定市场经济的环境。韦伯认为，商业殖民主义不足以解释欧洲资本主义资金的积累，因为几大商业帝国（如腓尼基人）长期以来发展了类似的制度，却没有产生现代工业资本主义。相反，他认为有助于资本主义发展的特殊条件在于宗教领域的发展。在《新教伦理与资本主义精神》(Weber 1904-1905)一书中,他提出了新教与理性企业之间存在这种"选择性亲和关系"(elective affinity)。如果说马克思成功地将资本积累与机器和雇用劳动制度联系起来,那么韦伯对理性和宗教的强调则有助于我们将货币和市场制度的发展视为一场文化革命。这两种方法都对经济人类学产生了深远的影响。资本主义总是受其发展的特定环境影响的。意大利的资本主义不是日本的资本主义,巴西的资本主义又是不同,以此类推。民族志对特定地区社会现实的呈现,可以而且应该有助于揭示世界各地经济组织的一般性原则,因为我们不仅需要解释共同的形式,而且还需要解释它的无限变体。人类学家记录了历史上的一个决定性时刻,即非西方人民被卷入新的剥削体系,并最终开始以自己的方式参与世界经济。有一项关于东非的案例研究,以同时援引马克思和韦伯的方式阐明了这一个总的观点。

吉里亚马人(Giriama)生活在肯尼亚东海岸,大卫·帕金(David Parkin 1972)对他们进行过研究。他们以前的生计是养牛,在殖民时期则经常作为移民劳动者去务工。在那个时期,椰子出口市场的兴起吸引了一批新的企业家。棕榈树以前主要用来酿酒,在许多社交场合,尤其是在婚礼和葬礼上,人们都饮棕榈酒。当地人在互惠和需要的基础上互相提供劳务,密切维护他们之间的亲属关系。提取椰干需要获得椰子树的产权并控制足够的劳动力供给。这首先需要企业家赢得长老们的支持,请他们作为土地交易的见证人。传统的权威势力必须支持资本积累的这一初始进程。雇佣劳动是有问题的,因为在亲属关系背景下利润不会交给其所有者,社群希望这些利润用于公共仪式,而作为仪式的润滑剂,

第八章 同一世界的资本主义

棕榈酒当然会供人畅饮。

至此，这个故事支持了马克思关于用金钱换取土地和劳动的观点。但其中也有韦伯主义的因素。一些企业家试图通过信奉一种新的宗教来摆脱传统制度的羁绊，要实现这种转变通常是请一位占卜师释梦，而他们的梦会被解读为召唤其加入伊斯兰教的神启，伊斯兰教是禁止在婚礼和葬礼上喝酒的。这样的分析可能不具有新教伦理论点的影响力，但以这种方式从弥散的社会关系中解放出来，与资本主义利润更可靠的计算是一致的。帕金的吉里亚马民族志的时间背景，正值肯尼亚试图成为非洲主要资本主义经济体之一的时期。在一段时期，将财富和权力向部分非洲人进行再分配，营造了商业繁荣的气氛。20世纪60年代和70年代初的世界经济也颇为有利。然而，这种气候并未持续多久，几十年来肯尼亚的经济状况一直在恶化。对吉里亚马而言，尚不能说新生资本主义的力量已经破坏了农村自给自足的传统规范。

皮埃尔-菲利普·雷（我们在第五章中谈及他）试图将西非资本主义的殖民经验和最初的英国案例纳入同一个理论框架。他认为（Rey 1973），无论资本主义发展到哪里，新生阶级都会被迫向旧的财产拥有阶级妥协，使由此产生的某种混合形式成为特定于该社会的现象。因此，英国实业家不得不与拥有土地的贵族结盟，以便工厂制取代封建农业体系。同样，在西非，本土的世系长老与殖民当局结成联盟，为种植园和矿场提供年轻的男性劳动力。在向资本主义过渡的进程中，这种阶级联盟令人沮丧地大同小异。这是很好的一个例子，说明社会学和制度的复杂性，而这正是更抽象的经济学理论往往忽略的。

二 工业劳动

关于城市工业环境的描述性人类学是由弗里德里希·恩格斯的曼彻斯特研究为首创的（1845；见第六章）。查尔斯·狄更斯（Charles Dickens）、爱弥尔·左拉（Émile Zola）等小说家也为后来的学术研究提供了丰富的素材，正如记者亨利·梅休（Henry Mayhew）的一项简明研究"伦敦劳工与伦敦贫民"（1861—1862）所发挥的作用。人类学家关于各种环境下工作的研究启动得比较缓慢。继马林诺夫斯基、理查兹等拓荒者在部落环境里展开研究之后，其他研究者按照布歇尔和恰亚诺夫建立的传统，对农民家户的劳动过程进行了调查。但是即使在雇用劳动者承担农业部门大部分工作的国家，人类学家也不认为研究资本主义的农业综合企业是他们的工作。

从20世纪50年代开始，在英国农村和城市地区进行了大量的民族志研究，其中大部分工作是由马克斯·格鲁克曼在曼彻斯特的社会人类学系主持的。这项研究计划最初以爱尔兰、苏格兰和威尔士人口为焦点，但是一项著名的跨学科研究针对约克郡的一个采矿社区，做出了丰富的描述和分析（Dennis et al.1956）。通过小规模"社区"的视角，研究人员试图捕捉战后英国社会更大的趋势，特别是去工业化和性别角色变化带来的影响。

除了这些早期的贡献，关于工业工作和失业的批判经济人类学研究不得不严重依赖非人类学的来源。社会学家做的工作最多，尽管心理学家玛丽·雅霍达（Marie Jahoda）在一项关于大萧条对奥地利工业社区影响的早期跨学科研究中发挥着领导作用

第八章　同一世界的资本主义

（Jahoda et al.2002）。这项研究发现，当他们失去工作时，马里恩菲尔德（Marienfeld）的男性养家者被剥夺了正常的工作生活而变得无所适从。女性面临的负担大大增加，但她们应对得更好。人类学家利奥·豪厄（Leo Howe）报告了半个多世纪后在贝尔法斯特（Belfast）的失业者中存在的类似情况（1990）。当劳动力市场让他们失望时，男人和女人就会选择其他形式的工作，通常是加强家户的自我供给，开展自己动手的活动，正如社会学家雷·帕尔（Ray Pahl）为肯特的非正式经济所记录的那样（1984）。

受马克思主义启发的社会学家哈里·布雷弗曼（Harry Braverman 1974）和迈克尔·布若威（Michael Burawoy 1979）极大地扩展了我们对资本主义劳动过程的认识。我们从布雷弗曼那里知道了"去技术"（deskilling）概念，在这个过程中，工匠的作用降低到仅仅照看机器，极少需要他们的传统工艺技术。布诺威完成了一系列关于世界各地制造业的民族志研究，对一些基本的概念问题做了处理，特别研究了车间里对不平等现象的"认可"是如何取得的。休·贝农（Huw Beynon）同样受到马克思主义对异化问题的关注的影响，在一家福特汽车工厂的田野调查的基础上，出色地完成了一项英国研究（1973）。这些汽车工人当然是去技术程序的受害者，但这并不意味着他们已成为被动、温顺的劳动大军。相反，他们痛恨自己的工作，像矿工偶尔痛恨矿井一样。尽管如此，这份工作还是受到他们的重视甚至是渴望，因为工资使他们在工作之余拥有了资本主义消费的魅力。福特工厂的工作与部落和农民社会的规范不同，完全脱离了家庭群体，但它对改变性别角色和家庭生活依然具有直接的影响。

后福特主义带来了更多的变化。在《谢菲尔德制造》（Mollona

2009）一书中，人类学家马西米利亚诺·莫洛纳（Massimiliano Mollona）指出，给这座英国北部钢都的经济史划分了不同阶段，会忽略自18世纪以来不同类型的资本主义组织如何共存，形成灵活而丰富的工作策略，并使其密切融入将家户与更广泛的社区联系起来的非正式经济。莫洛纳针对朝向社区联盟的转变提出了批判性的分析，认为通过劳动形成的经济关系仍然是集体抵抗的最有效基础。在其他一些地方，如玻利维亚的锡矿（Nash 1979）和马来西亚的工厂（Ong 1987），人类学家已经展示了这种形式的抵抗是如何深受当地宇宙观的深刻影响的。

乔纳森·帕里（Parry 2008，2009）在另一座钢铁城市，印度的比莱（Bhilai）进行了长期的田野调查。在独立后新的现代化精神的指引下，这里形成了一个国际化的工业社区。印度各地的农民被吸引到这家苏联建造的工厂工作，但当地居民不得不被迫迁移，以便为工厂腾出空间。一种复杂的阶级分化模式开始出现，心满意足的劳工贵族享受着腐败工会的服务，他们发现自己的利益从根本上是与非正式的、自行组织的临时工大军对立的，而这些临时工劳动力对于工厂的运转同样不可缺少。这种工业化的等级模式证实了马克·霍姆斯特罗姆（Mark Holmstrom）在班加罗尔的一项研究中得出的结论（1976）。霍姆斯特罗姆最初提出了一种明显的二元论劳动过程模式，但后来（Holmstrom 1984）他认识到，劳工贵族占据的"堡垒"与大量争相进入的临时工和移民之间存在着复杂的联系。新自由主义几十年通过扩大分包（外包）和弱化劳动保护立法的执行，进一步模糊了这种状况。

20世纪30年代以来，人类学家一直在研究赞比亚铜带地区的工业劳动。当时，奥德莉·理查兹（Richards 1939）揭示了男性在农场的缺位给农村地区造成了巨大困难。20世纪50年代，马克斯·格鲁克曼在罗德-利文斯通研究所（Rhodes-Livingstone Institute）召集了一批民族志研究者，他们反对殖民时期的种族隔离政策，这种政策将非洲人限制在自己的农村家园，只允许他们在"白人"城市区域临时居住。他们坚持认为，非洲工人在从事现代工作时就属于这座城市，无论是作为矿工、工厂工人还是铁路工人，他们获得了工人阶级的身份，这些身份值得通过工会和政党来表达（"城镇居民就是城镇居民，矿工就是矿工"）。与此同时，其中一些人对农村和城市地区之间的关系描绘了一幅更为乐观的画面，声称劳动力迁移已积极融入更为繁荣的乡村生活。这些工人理所当然地认为，随着向城市生活的过渡，进步是不可逆转的。格拉克曼的曼彻斯特学派广泛支持这种观点。但20世纪70年代铜价暴跌，摧毁了现代化的物质基础。许多工人被迫返回农村，重新学习如何生产粮食（Ferguson 1999）。后来，全球矿产价格的钟摆再次向上摆动。赞比亚矿工必须学习谢菲尔德钢铁工人灵活的生存技巧。这说明了民族学与长期历史观相结合的价值。即使福特模式暂时掩盖了公共和私人/家庭领域的相互依存关系，但始终有必要将正式工作场所置于家户和家庭生活、非正式经济和社区的当地环境中，而且也置于城乡关系的更大框架中。

三 消费

工业生产转移到劳动力价格相对低廉、商业组织日趋成熟的国家，例如中国、印度和巴西，一直是最近几十年里一个持续不变的特征。在新自由主义国家，劳务外包、裁员、实行临时工制的浪潮削弱了工会组织的政治力量，这似乎支持了这样一种观点，即西方大众现在主要是以消费者的身份而不是以生产者的身份参与资本主义的。于是人类学家再一次跟随社会学家和历史学家的脚步，纷纷开始从事消费的研究。该研究领域的一大挑战是解释为什么在现代经济中，人们购买他们所购买的物品，有时为了消费根本算不上是物质必需品的物品而大费周折，并且付出重大的代价。在这一问题上，社会学家尤其是索尔斯坦·凡勃伦（Thorstein Veblen 1899）又是研究的先驱。

　　一些人类学家利用他们在物质文化研究方面的传统特长，绕开经济人类学的主要辩论而开辟了一个独特的研究视角。让研究聚焦于物质文化，其好处在于这种研究方法对主体－客体关系的处理，在于它对人们以物品为中介协调自己与他人、自己与世界之关系的方式的处理。在任何地方，这一协调行为都具有实用性、社会性以及象征性的不同维度。早期的物质文化研究描述了生活范围狭小的本地农民的家居装饰——他们的饰物大多为手工制作。但这一研究路径并不适用于研究当代城市中的家庭装饰，因为那里的家居环境常常是用功能相似、外形略有不同的物品来装饰和布置的。在20世纪70年代和80年代，法国社会学家采用后马克思主义和后结构主义的视角最先研究了这种情形。他们认为，消费者很难通过批量生产的商品来表达其独特的身份，因为这类物品只能用必然外在于个体的消费社会强加给人们的语法来表达他们的社会地位。在这样的体系中，物品只能表达社会识别符号的意义，而非个性符号的意义。

　　让·鲍德里亚（Jean Baudrillard）从符号学中获得启发，将消费看成是对符号的操纵（Baudrillard 1975）。他认为，可以通过物品拥有者在社会体系中的相对地位去理解功能相同的物品在外形上的区别。消费者的行为规范兼顾一致性和区别性：他们一方面设法与自己所属的社会群体保持行为上的一致，同时又努力将自己与其他群体区分开来。就这样，消费模型促进了社会认同和文化认同的构建。为研究法国社会，皮埃尔·布迪厄（Pierre Bourdieu 1984）提出了一个更具有社会学特征的研究方法。布迪厄的研究方法试图调和客观性和主观性。消费行为可被视为"习惯"（habitus）（这是他的核心概念）的表达，而人们所拥有的物品，不管它们是什么，事实上都是社会关系的物化代表。我们所占有的物品之间的差别变成了一种社会语言。如果个体在他们呈现世界的惯用方式中已经吸收了由行为与物品来体现等级这一外观结构的话，那么物品的差异性就完全意味着区别性了。尽管布迪厄赋予了作为行为者的消费者以个体选择的权利，但是他假定了所有个体对这些物品符号都拥有相同的意义编码，由此把消费行为与消费者的社会地位联系起来；而这一意义编码是由外界以某种抽象的方式强加的。

在英国，玛丽·道格拉斯（Mary Douglas）在《商品的世界》[1979年同巴伦·伊舍伍德（Baron Isherwood）合著]一书中提出了一个同样过度社会化的消费观。她的目标读者是经济学家，如果他们当真认为消费者的选择是资本主义经济的引擎，那么在诸如现代英国这样的国家中的"消费阶层"问题，他们就应该向人类学家去请教。事实上，企业的营销专家早就把这个问题发展成了一门科学。以英语为母语的新一代人类学家则热衷于赋予那些使用批量产品的消费者更多有关自身行为的发言权。这些人类学家接受物品体系这一概念，但也指出，行为者应该建立起不只是给予他们社会定位且具有个人想象意义的私人世界。要理解这个身份形成过程，就必须理解黑格尔的"占用"（appropriation）这一中心概念（Miller 1987）。从本质上说，这个术语试图阐明这样一个过程，即人们遵从某种特定的生活方式将批量生产的商品私人化，从而建立自己的家居环境。这样，住宅可以被看成是由一些物品构成的建设工地：这些物品被主人从商店购买回家，其中很多类型相同，然后，放在一个对它们的主人而言独一无二的私人空间，从而变成他们不可剥夺的私人财产。人们通过这些物品表达他们的集体身份和个体身份。他们将自己的物质环境个性化，而不是屈服于不受他们影响的物品世界。

丹尼尔·米勒出版了一系列图书，其中值得一提的是《购物理论》（1998）。该书将消费理论应用于互联网、移动电话以及像服装（从伦敦的牛仔裤到印度的沙丽）那样相对传统的领域。关于家庭物质文化的文献综述中，深受米勒影响的索菲·谢瓦利埃表示，公共领域和私人领域是通过进入家庭并在其中流通的物品来实现互动的，并同时确保了家庭的发展和繁衍（Chevalier 2010）。社会结构和社会组织通过家居装饰来显示它们在私人领域的存在。这个内化的过程与其说是一种简单的映射，不如说是一种重构和再解读。集体并不存在于个体之外，私人生活也不只是集体的表现。人们通过联结公共和私人、集体和个体的消费实践来创建和复制公共领域。这一消费人类学的论断呼应了我们在工业工作研究中的发现，它证实了马塞尔·莫斯的告诫：人类学家应该研究人类经济的诸多元素如何构成一个整体，而不是只关注一端而无视其余。

第八章　同一世界的资本主义

四　公司资本主义

资本主义的基本机构是企业。依赖于家庭成员劳动的小企业通常是极其重要的，然而关于亲属关系在理性企业的发展中所起到的促进或者阻碍作用，研究仍然很不够（Stewart 2010）。很久以来，无论在经济上还是政治上，家族企业一直都无法与全球性的组织机构相提并论。目前地球上100个最大的经济实体中，公司比国家多出一倍。它们的组织非常灵活，而且与政府的组织部分重叠。事实上，奥利弗·威廉姆森获得诺贝尔奖的理论阐明了公司何时应该自己生产投入要素而不是从其他生产者那里购入，在寻求供给物和制订合同时产生必需的交易成本。公司自行生产会产生包括管理控制和腐败问题在内的成本。在一些大公司，世袭家族仍然发挥着重要作用；但实际上，公司的控制权已经转移到一个由董事、律师和会计师构成的新阶层手中（Marcus with Hall 1992）。

一个特别有争议的问题是公司股东和管理者之间的财产分配。亚历山德拉·奥罗索夫（Alexandra Ouroussoff）几年前曾在英格兰北部的一家跨国公司做过一个示范性的民族志研究（1993），之后她又就2000年后的风险问题对伦敦、巴黎和纽约的公司高层管理者进行了一系列持久的采访（Ouroussoff 2010）。虽然她的风格有时相当矛盾，但她的研究方法还是民族志的。20世纪80年代以来，世界经济一直被穆迪那样的评级机构控制着，这些机构代表股东监管着他们所认为的投资风险。他们自以为能够计算并降低未来的损失，然而奥罗索夫发现，公司主管持有与评级机构相反的经济理念，他们认为利润和损失是受到不可预见的偶然性制约的。由于他们需要投资资本，所以强忍着不对评级机构进行公开的批评，而他们关于公司活动的报告也因此变得隐晦曲折。奥罗索夫认为，这种情形下的资本主义制度既扼杀了企业的成长，也导致了经济的系统性崩溃。然而，学者、政治家和记者却坚持把金融危机看作是个人道德失败的结果，而非体制性矛盾的产物。

157　在过去，如果一家企业所欠的债务超过其资产价值，那么原始投资者个人会承担债务。1580年，伊丽莎白女王授予"金鹿号"（弗朗西斯·德雷克爵士的一艘轮船，女王是它的第一大股东）"有限免责权"。这就意味着，如果企业发生巨大债务，投资者的债务责任仅限于他的初始投资，其余的债务则由债权人承担。事实上，这一低风险投资的回报率是5000%，女王相当满意。现代企业的商业运作模式本质上与此相同。

托马斯·杰斐逊（Thomas Jefferson）看到了民主的三大威胁：执政精英、有组织的宗教和商业垄断者（被他称为"伪贵族"）。他致力于把"反垄断"这一条列入《权利法案》，但是该条款在美国宪法中却被筛除。自那时起，如同教会和政党一样被视为法人的公司开始竭力为自己争取个体公民的宪法权利。内战结束后，《第十四修正案》把公共服务领域的歧视性条款定为非法，以保障昔日的奴隶能够获得平等的法律保护。铁路部门开始起诉各州政府和地方当局制定专门的法规来控制他们，认为这造成了"不同阶层的人"。这些公司有财力不断起诉，直至获胜。1886年，他们终于赢得了诉讼。今天，如果有哪个城镇为了保护本地的小店主而拒绝让沃尔玛在那里开超市，那么它就可能面临沃尔玛为

第八章 同一世界的资本主义

捍卫公司的合法权利而提起的昂贵的诉讼。意见不一的美国最高法院确认（《纽约时报》2010），应该允许公司利用其庞大的资源去支持听从于他们的政治候选人，以此行使言论自由这一人权。因此，从公司被赋予个体公民的合法权利这一点上看，我们已经到达这样一个时间点：大多数普通公民无论在法律上还是在政治上都无法与公司平等竞争，更不用说在市场中了。在它们所创造的全球经济中，公司已经成为一个精英公民群体，而我们其余的大多数则只是被动的旁观者。

我们仍然认为私有财产属于活着的人，并在此基础上反对私人和公共领域。但是像政府和公司这样的抽象实体也可以对某物拥有对抗世界的排他性权利。与此同时，公司保留了他们专门的法律特权，比如对坏账的有限责任。可以理解，我们感到困惑的是，通用汽车公司可以拥有与任何活着的人同样的权利，同时享有责任豁免，不用承担我们其他人必须履行的责任。这不仅极大地阻碍了经济民主的实践，也严重阻碍了对这个问题的思考，尤其是在大多数知识分子不加批判地复制这种混乱的情况下。私有财产不仅从个人所有权演变为公司形式，而且其重点也从"实物"财产转变为"知识"财产，从物品转变为思想。这在一定程度上是因为数字革命导致了信息服务的经济优势，信息服务的复制和传输往往是无成本的。通过机器传输信息的成本大幅度降低，为商业行为注入了新的活力。现代公司不仅依赖直接销售的利润，而且也同样依赖从财产中获取租金；正如俗话所说，"信息希望免费"，这意味着以信息为基础的商品和服务的价格一直面临着下行压力。在一个生产和再生产日益自由化的世界里，维持高物价所需的社会努力，正是当今资本主义核心冲突的驱动力。

与企业人格问题一样，这里面也有一些花招。如果我偷了你的牛，损失是物质性的，因为我们中只有一人能从牛奶中获益。但是如果我拷贝一张 CD 或 DVD，我没有禁止任何人使用它。它本质上是一种"公共物品"，对它的使用不会减少它已有的供应。然而，企业游说者利用这种误导性的类比来影响法院和立法者，将复制他们的"财产"视为"偷窃"，甚至"盗版"。不可避免地，世界已经变得两极分化，一方面是企业试图将文化公地私有化，另一方面是对这种努力的巨大抵制。这场冲突由来已久，但是数字革命的条件已经把它带到了一个前所未有的水平（Johns 2009）。这种情况与 20 世纪中叶仍然塑造着资本主义自我形象的汽车工厂大相径庭。

如果经济人类学家能够把他们的游戏提高到这个水平，那么还有很多事可以做。例如，当公司对私人利益的追求与公共福利明显冲突时，人类学家可以通过表明自己的政治立场来达到这个效果。烟草巨头和国际矿业公司目前非常成功地在那些因其产品和副产品而受到伤害的人群中传播"辞职政治"（Bensonand Kirsch 2010）。在新自由主义治理中，公司在产生新主体和新情感方面的作用与国家的作用一样重要。如果批判性经济人类学要有效地研究企业资本主义，那么这些见解需要与世界历史和企业内部的民族志研究联系起来，就像奥罗索夫所做的那样。

五 货币与金融危机

让人们把钱用于消费的过程——销售艺术或销售科学——也是一个迅速发展的领域。企业营销是一个知识共享的专业化系统，

第八章 同一世界的资本主义

是一个在全球层面运作的"脱嵌机制"（Lien 1997）。自18世纪在英国生发，到20世纪在美国达到高峰，市场营销已经将道德批判吸收进它的准宗教体系（Applbaum 2003）。早一代人类学家强调资本主义发展对当地文化的破坏性后果，而卡尔曼·阿普尔鲍姆（Kalman Applbaum）则从这个文化接触模式转移至一个更适合当今全球化现实的模式。他强调经济行动中出现了共同的意义和目标（为什么表达往往是一致的），并将其归因于企业对自己所销售商品的每一个社会生活方面都有成功的控制。的确，广告公司经常试图赋予全球主题以地方色彩［参见马扎里拉有关孟买的例子（Mazzarella 2003）］。东亚消费者对麦当劳的体验与同一家公司在北美和欧洲提供的体验大不相同（Watson 1997）。但是阿普尔鲍姆坚持认为，起源于美国的市场营销模式正迅速在全球普及，这是正确的。

在过去十年左右的时间，人们在金融人类学方面做了大量的工作。这一领域的前辈是比尔·毛勒（Bill Maurer），他研究了伊斯兰和其他当代金融变体（2005a），并对东非及其他地区的离岸银行业务以及穷人为办理银行业务而使用移动电话的情况进行了研究。毛勒建议对货币采取怀疑、务实的态度，因此他更关心人们用货币能做什么，而不是货币对他们意味着什么。和简·盖耶（见第五章）一样，他认为人类学家太轻易地接受了自由主义经济学家的观点，即货币是一种交换媒介，而不是一种支付手段。

如今，人类学家在金融中心调研几乎已是司空见惯的事情。艾伦·赫兹（Ellen Hertz）对上海股票市场的田野调查具有先见之明（1998）。凯特琳·扎鲁姆（Caitlin Zaloom）专注于金融交易员如何适应新的信息技术（2006）。然而，这两项研究的焦点都是相当传统的，关注的是贸易商的当地做法和观点，即使他们的业务在另一个层面上是全球性的。何柔宛（Karen Ho）则前进了一步，将她的民族志与更广泛的政治经济学分析联系起来。基于对高盛、摩根斯坦利和其他大型金融公司员工的采访，《清算：华尔街的日常生活》（2009）明确涉及更大的分配问题，比如关于给银行员工发放大额奖金的系统的问题。她利用自己的公共平台，主张从长远来看，奖金应与企业生产率和股东价值挂钩，并主张《格拉斯－斯蒂格尔法案》（Glass-Steagall Act）的回归，该法案曾将投资银行业务与商业银行业务分开。

  2008年9月，纽约投资银行雷曼兄弟的破产引发了一场金融崩溃，其后果至今仍影响着我们。对随之而来的全球经济危机结果的预测差别很大。现在可以看到，经济增长是由廉价的消费信贷体制维持的，尤其是在美国；许多金融机构置身于高得不可接受的风险之中，特别是在信贷衍生品的新市场。这些资产成为"有毒资产"，纳税人以高昂代价购买这些资产，以维护整个银行体系。中国、德国、日本等主要制成品出口国的产品需求大幅下降。经济本来被理解为永远仁慈的增长机器，突然间却被抛入了历史的动荡之中。人们现在认为，要想让市场存活下来，就需要政府进行大规模的干预。这些事件可能加速了全球经济实力从西方国家向亚洲主要债权国的转移。这一切都相当模糊，但即使从情况最好的当下看，趋势似乎就是这样。一些评论家认为，这与中央计划经济的弊端类似：就像社会主义后期中亚棉花生产数据被造假一样，金融泡沫创造了一个巨大的"虚拟经济"（Visser and Kalb 2010）。但是，在新自由主义政策下对银行的国家救助举措对收入分配产生了相反的效果，它加剧而不是减轻了不平等。

第八章　同一世界的资本主义

六　结语

无论这些事件最终在经济史中处于什么地位，自由市场经济学肯定是这场危机的受害者。只有市场摆脱政治束缚，经济才能繁荣，这一观点已经不可能再坚持下去了。政客和记者对经济学家的抨击已经司空见惯。甚至英国女王也公开质问，为什么他们没有一个人能预见到这一切的到来。主流经济学的意识形态霸权的根基受到损伤，特别是20世纪80年代以来。人们经常看到新闻记者和其他学者以经济学家的名义自命不凡地发表文章，试图实践预测科学。这并不是说新自由主义已经被击败，而是用其他经济研究的路径对抗新自由主义，现在的条件比以往有利得多。

英国《金融时报》记者吉莲·邰蒂（Gillian Tett）拥有社会人类学博士学位，她认为正是这个博士学位教会她比大多数记者同事更全面、更批判地审视经济现状。金融危机爆发后不久，邰蒂（2009）出版了一本关于信用衍生品市场的畅销书，她在危机爆发前很久就开始研究这个问题了。像她和其他评论员一样，我们得出结论，我们的时代似乎已经成熟，可以将人类学、历史学和经济学进行新的综合。经济学工程需要从经济学家手中拯救出来。通过与相邻学科的对话，与更灵活的经济学家对话，经济人类学可以成为知识重建过程的一部分。我们在最后一章勾勒其可能性。

第九章　经济人类学往何处去？

本章将整合前文所述观点，评价经济人类学的既往历程，探讨未来的发展去向。早期的民族志作者希望用自己的发现与经济学家建立起紧密的联系，但他们不懂得经济学的目的与方法，他们把自己限制在支持和反对"经济人"的普遍性的评论中，而这些讨论本身常常就是片面的。经济的定义是什么，人类学家研究经济应该采用什么样的理论和方法，此类基本问题从未得到解决。只有在形式论者和实质论者的大辩论中，这些问题才引起其他人类学家的广泛关注。然而这场论战不仅被经济学家忽视，也没能留下活跃的经济人类学知识分子社群。在随后新制度人类学家和文化人类学家所持的立场上，我们可以看到他们对形式论和实质论的共鸣（见第五章），但近来这两派学者在写作中都没有重视他们的前辈，双方也没有进行过对话或辩论。因此，人类学家对经济的研究大都被经济学家、政策制定者以及媒体所忽视也就不足为奇了。我们写本书的初衷，就是要改变这种现状，将经济人类学提升到另一个高度。

几十年来，在新自由主义全球化推动下进行自我调节的市场显得坚如磐石，堪称永恒，直到2008年爆发金融危机，人们才意识到世界经济实际上有多么不稳定，这也为持有批判议程的经济人类学开辟了新的空间。总结经济人类学短暂的发展历程，我们认为经济人类学有潜力成为一门真正的学科，有其自身的研究

第九章 经济人类学往何处去？

对象、理论以及研究方法，能与兄弟学科政治人类学和发展人类学，以及诸如经济社会学、制度经济学、经济史、政治经济、经济地理、考古学、批判哲学等其他同源学科自信地并肩而立。人类学的独特之处在于，它是向整个人类科学领域开放的学科，因此我们应该弱化，而非强化不同分支之间的隔阂。最后，比起贴标签和划界线，我们更感兴趣的是发展新战略来解决全球困境。

一 学科史、民族志与批判

我们的主要动机一直源自这样一种需要：将经济人类学置于其前身具有自我意识的思想史中进行讨论，并从这段历史中汲取教训以助未来之发展。这样的历史必须是专注的，但不能狭隘。因此在全书中，我们都将经济人类学的故事嵌入更广泛的历史之中：人类学、经济学、涵盖人类学与经济学的西方社会哲学，最重要的是，嵌入世界史之中。自19世纪人类学被赋予制度的形态之后，世界历史便是人类学最关心的事情。那个时代的人类学家（以及经济学家），无论是否支持某个版本的历史唯物主义，都毫不怀疑工业革命开启了我们人类发展的新纪元。但一百年后的今天，由于人类学家长期沉浸在基于田野调查的民族志研究中，他们对当下的关注也只在相对狭隘的领域进行，早期的重要议题也大都被忽视了。

我们绝不是在贬低20世纪的民族志学者取得的成就。布罗尼斯拉夫·马林诺夫斯基、雷蒙德·弗思和他们的追随者摒弃了"推测性的史学"，因为去人们的居住地并加入他们的生活，这些研究者得以专门关注他们当代行为的丰富复杂性。民族志作者关于大洋洲及其他地区部落经济的专著仍然是经典之作。但我们有意识地强调更广泛的区域与全球视角。早几个世纪的历史记录凡有不足之处，考古学家、历史学家以及其他专家都可以填补空缺。经济人类学家必须将他们已有的地方性知识置于更宏大的历史视野之中。例如，20世纪50年代卡尔·波兰尼的理论引领一支由人类学家、考古学家和历史学家组成的团队实施了哥伦比亚研究计划（见第四章），这项研究充分证明了遵循上述策略大有可为。

的确，具有现今结构特点的学术机构不再青睐这个方法。它通常强制社会或文化人类学领域的博士生至少花一年的时间做田野调查，并学会一种当地的语言。这种投入可能会阻碍他们涉足其他学科领域。但情况在慢慢发生变化，越来越多的人类学家通过学习其他学科的知识来取长补短，并经常在多学科或跨学科的框架中进行研究。一个较大的障碍是，历史的广度只能靠阅历获得，而年轻学者在早期就需要有他们可以称为自己的成果。学术界内部实施市场原则越来越严厉，加重了尽快发表论文的压力。

绝大部分的人类学家都认为人类学的历史可以追溯到19世纪，尽管他们反对那一时期的研究实质和方法。我们已经说明，为了应对新世纪的挑战，我们也应该做好向前人学习的准备，例如卢梭和康德，他们在18世纪所做的研究推动了人类的普遍解放。为此，我们提出人类经济的概念。我们认为，人类经济在人们的日常生活中被不断重塑，同时又与整个人类的利益息息相关。在所有人而非少数人都参与的世界经济受到威胁时，对全球历史的批判性认识是至关重要的。从这一角度来看，20世纪那种将异域民族志领域的发现与狭隘的功利主义信条匹配起来的做法注定会失败。人类学也好，经济学也罢，都不足以实现人类共同的目标。

第九章 经济人类学往何处去？

经济人类学家仍在为突破束缚而不懈努力。

在寻找替代方法的过程中，我们除了重新研读马塞尔·莫斯（见第三章）和卡尔·波兰尼（见第四章）的著作，没有其他更好的办法。这两位作者在多个方面是互为补充的。莫斯对涂尔干的遗产进行了重大修改，其中之一就是将社会设想为人类的历史工程，其边界不断拓展，变得越来越包容。《礼物》的观点是，社会不能被理所当然地视为一种预先存在的形式。它必须被建造、再建造，有时是从头开始。大胆的礼物交换旨在将社会的极限向外推进。就像"自由市场"一样，它是"自由的"。这种交换是由慷慨推动的：当然是出于自身利益，但不是以"经济人"相关的方式。马林诺夫斯基对库拉交易圈的叙述是莫斯所做讨论的有争议的起源："整个部落间的库拉圈只是一个更普遍系统的极端案例。它使部落整个地脱离其物质边界的狭窄范围，甚至脱离其利益和权利的边界约束。"（Mauss1990：36）没有一个社会在经济上是自给自足的，这些美拉尼西亚群岛更是不可能。因此，除了需要对社会行动设定地方限制之外，还必须始终增加向国外扩大影响的手段。这就是为什么市场和某种形式的货币具有普遍性，任何废除市场和货币的尝试都必然以灾难告终。

波兰尼让人们注意经济机构是如何发挥组织作用的，又是如何由多种分配机制组织起来的。在现代世界中，这些机制影响到数以百万计人的生活，他们参与其中，却未被赋予任何控制措施。波兰尼因此而强调这些机构造成的不平等，因为它们在市场和国家两极之间摇摆，在社会的外部关系和内部关系之间摇摆。在当前的危机中，人们的第一反应是向各种各样的政府机构求助，把硬币从正面抛到反面，而不是坚持要求政府和市场以比过去更平衡的方式共同努力。为此目的,波兰尼呼吁恢复社会团结,特别是汲取各民间组织的自愿互惠原则。这提醒我们必须动员普通人为人类经济的复兴贡献力量。仅仅依靠非人格化的国家和市场是不够的。

波兰尼和莫斯确定他们对政治经济的抽象理解是建立在具体人员的日常生活之上的,从而使田野调查有了普遍观念的力量。从第八章我们可以看到,从工业劳动到新经济,人类学对资本主义的研究有了急剧的增加。人类学家已经很好地证明了"自由"劳动总是镶嵌在工作场所之外的各种实体中的,即使是最不人性化的金融市场事实上也是由特定群体调节的。当然,他们之中有些是贪婪的,但不一定比其他人更贪婪;他们可能会改变。例如,像乔治·索罗斯(George Soros)这样冷酷无情的对冲基金经理可能会成为慈善家和资本主义的批评家。因此,主要问题不是自我充实。问题在于,人类学家基本上把货币不平等分配造成的更广泛的社会后果——世界各地富人和穷人之间的阶级冲突——留给了学术分工的其他部门去研究,特别是留给了有各种不同政治信仰的经济学家。

在莫斯和波兰尼的研究中可以找到日常生活与整个世界之间缺失的联系。只要认真关注从全球到地方的各个层面的分配情况就能发现,政治经济的社会后果及其建立者对它的理解都是一个,而且是同一个社会过程的一部分。当前的危机使这一洞见特别引人瞩目,因为它挑战了当代的金融理念,全世界都感受到它的实际分配效果并为此忧虑。我们正在见证一场具有潜在可怕后果的权力斗争。对最新经济灾难的每一个政治回应都会唤起人们对大萧条及其血腥后果的恐惧。

在社会生活的非人格化环境和别无选择的执行者之间存在着

第九章 经济人类学往何处去？

张力。人们对这种关系了解甚少，或许从来没有比当下了解得更少。现在，个体公民与运营规模超过某些国家的商业公司之间的差异已变得模糊不清。理念是非人格化的，而人类的生活不是。因此，在一个层面上，关键问题是相对优先位置给予生活或理念。在我们公共文化的核心范围内存在着人、事和理念的不可穿透的混乱。女权主义者坚持个人的是政治的，这是正确的。出于同样的原因，政治的经常也是个人的。但是，如果我们仅仅依靠人来形成社会，我们就会回到封建主义或其现代等同物，即犯罪的黑手党。必须有非人格化的机构，至少在原则上为所有人服务，不管他们是谁或他们认识谁。在我们赖以生存的非人格化社会框架中，单个个体的人性处于什么位置？我们可以做些什么来提高那些生来就在世界经济中受挫的人的参与机会？这是人类经济的核心难题。有效解决问题的主要障碍是公司，它施展其财富、规模和寿命的力量，同时要求普通公民的权利。

20世纪是建立在一个普遍的社会实验之上的。社会被认为是一种非人格化的机制，由国际分工、国家官僚制度和只有专家才能理解的科学规律所界定。毫不奇怪，面对这样一个社会，大多数人感到无知和无能。然而，我们从来没有像现在这样意识到，我们是独一无二的个体，能够改变世界。因此，我们体验到社会同时是人格化的和非人格化的，尽管文化上的巨大努力试图将两者分开。我们注意到，在几个方面市场与家户或家之间存在普遍的对立。市场是无限的、不可知的，而家庭生活的界限却是众所周知的。这种二元性是资本主义经济的道德和实践基础（见第五章）。随着现代企业的崛起并占据当前的经济主导地位，它已经开始承受相当大的压力。

二 作为一门学科的经济人类学

人类学从来就不是像经济学一直都是的那样一门学科。米歇尔·福柯（Michel Foucault 1973）在他的《词与物：人文科学考古学》一书的结尾处指出，"民族学"①在这些科学中占有特权地位，因为它覆盖了它们的整个范围，"形成了一个经验和概念的宝库，最重要的是确立了一个不满足的永恒原则，质疑在其他方面看来似乎已经是确立了的东西"（1973：373）。他把人类学称为"反科学"（counter-science），不是因为它不那么理性，而是因为它总是朝着相反的方向流动，总是试图"解构"像经济学这样的关于人的科学所坚持建构的有关人的那些理论版本。民族志是这种反科学的本质。人类学家马克斯·格鲁克曼（Gluckman 1964）认为，因为民族志作者抱有研究人类整体的渴望，因此他们有义务彻底开放，接纳社会现实的全部复杂性。田野调查意味着随时跟踪所有在发生之时看起来具有重要性的事情。然而，在某些阶段，民族志作者必须寻求分析性的结束，以便从这些开放式的研究中得出简单的模式；有时在其他学科看来，这些抽象结论似乎是天真的。如果我们接受世界历史，情况可能也是如此：总会有专家指出我们的错误。人类学家长期以来享有一定的智识自由，正如福柯所说，这一点对那些更为传统的科学来说是振奋人心的。但是，我们需要更加清晰地说明，在不同阶段，开放和闭合之间的辩证关系是如何产生的。从这个意义上说，经济人类

---

① "社会人类学"（英国常用）或文化人类学（美国常用）在欧洲不少地区传统上被称为"民族学"。——译者

第九章 经济人类学往何处去？

学可能因为成为领域更广泛的"反学科"人类学的一个相对学科化的分支而受益。

在第二章，我们追溯了经济这个概念的未完成历史，经济最初是作为一种家庭功能的概念开始使用的，现在通过多种国际市场表达出来。我们无法确定一个定义，但我们确实已经提出，经济可以被看作是一种地方政治秩序，最初基于"房子"，通过"市场"延伸到世界。波兰尼将货币视为"象征"和"商品"，从而把经济的内部、外部层面联系起来；我们发现，要了解当今的世界经济，这种做法是富有成效的（见第四章和第五章）。世界经济是人类的经济。为什么是"人类"？因为我们的重点是人们实际做什么、想什么；经济行动是针对所有人所有社群的福祉的，而不是机械的、片面的个人主义。我们强调地方经济机构的各种特点；我们的视野是人类的一个历史项目，即实现这个星球上的生命照管。归根结底，在一个由市场创造的世界，每个人都应该感到"像在家里一样"，但我们不能仅仅依靠市场经济而生存。

新自由主义时代的文化转向运动倾向于将经济排除在视野之外，或者只允许它以消费或流通的形式出现。即使在后福特、后现代时代，大多数人仍然不得不以工作谋生。在新的"知识经济"中，劳动过程的条件显然不同于农民家户或大型工厂的条件，但超越异化和实现经济团结的需要在所有这些环境中是共同的。女权主义者提醒我们，生产并不限于在家庭之外发生的事情，正如马克思（1859）坚持认为，生产和消费是不可分割地联系在一个单一的经济总体中的。人类经济一直被占主导地位的意识形态遮挡，但是人类学的研究方法总是强调人们的家庭和非正式经济策略的重要性。这适用于调解金融市场的个人、网络和团体，也同样适用于其他所有人。

正如我们在第五章中所指出的那样,货币在资本主义社会中代表异化、分离、非人格化社会,它起源于我们无法控制的(市场)。不包含金钱因素的关系是个人整合和自由联系的模式,是我们所熟悉的(家)。这种制度上的二元论,迫使个人每天将自己分为外部生产和内部消费,这对我们要求太多了。人们希望整合分工,将自己的主体性与作为客体的社会进行有意义的联系。货币作为分隔公共生活和家庭生活的手段,一直是两者之间的主要桥梁。我们已经界定出经济人类学货币研究的一个累积性传统,从莫斯和波兰尼开始,现在又涌现出一大批关于资本主义制度核心运作的民族志调查。但是,最近关于西方资本主义的任何一项研究都无法与简·盖耶(Guyer 2004)的发现相提并论。盖耶耐心地从三个世纪的非洲历史和几十年断断续续的田野工作中挖掘出一个本土商业文明模式,这个模式修改了我们对世界各地货币的看法。既然我们更习惯于在资本主义的中心地带做研究,经济人类学家就必须保持我们知识的综合性跨度。如果说,一些人类学家专注于研究拥有自己专业中间人和广告代理机构的独特商业的话,那么另一些人类学家则揭示了,现代公司已经远远超越了这些专业部门的分割去努力控制经济过程的所有阶段,从研发到生产、监管、分销和营销,直至家户消费。一个仅仅局限于股票经纪人或者交易者的民族志研究的经济人类学,永远不会理解我们在这个层次上的共同经济困境。

正如马克思(1859)所表明的那样,自由主义经济学已经将谁得到社会产品的多少份额这个"分配"问题边缘化了,将其瓦解为"交换",构想为现货市场合约。通过专注于一种产权——

个人独有的私有制，经济学家模糊了政府和公司的经济角色，更模糊了普通人所使用的很多种具体方式来使经济生活成为他们自己的。因此，经济人类学必须非常认真地对待财产及其分配后果。这门学科的历史为这样一项工程提供了充足的素材。20世纪的社会主义社会为意识形态强加的对财产关系之演变的机械解读付出了高昂的代价。我们坚持认为，任何完全以私有财产或平等主义为基础建设社会的企图都是注定要失败的，因为人类必须同时做到个体的自力更生和在社会中彼此相属。研究部落社会的人类学家已经一再证明了这一点；但是当涉及更大的世界历史问题时，他们对当地复杂性的关注助长了他们的短视。但是杰克·古迪是一个杰出例外，他将加纳北部财产关系的详细民族志分析扩展到比较社会学，然后扩展成非洲和欧亚大陆之间的世界历史比较，最后是西方世界和东方世界之间的比较（Goody 2010）。资本主义与社会主义之间的互动正在进行，尤其是在东亚地区，这为产权问题的探索提供了肥沃的土壤，而整个世界社会提出了分配问题，对此，经济人类学家不能漠不关心。

三　告别经济人假设

最后，让我们回到主导性经济模式的方法论个人主义。埋葬"经济人"需要的时间似乎比预期的更长。"经济人"是一种令人难以置信的生物，其活动完全出于个人利益的驱动。许多人类学家长期以来一直拒绝功利主义传统，因为这种传统无法理解形塑经济行为的"偏好"如何在社会中形成，以及必须如何遵守旨在修正理性利己主义的规范性规定。与此同时，民族志记录发现，几乎没有人支持这样一种观点，即整个社会曾经或可能成为纯粹的大同社会，因此没有异化。关于这个观点，威廉·莫里斯（William Morris）的乌托邦著作比马克思的著作有更充分的阐述。

近期在行为经济学和跨文化实验领域的研究都试图对这些问题进行更深入的探究。一些研究人员认为他们已经找到了解决办法。掌握博弈论基础并了解大脑扫描研究的人类学家可能会再次在经济学期刊上获得空间，以优雅的方式证明"文化在经济中很重要"。我们拒绝了这种方法，而是赞成利用民族志和历史研究资料进行工作。对比实验的方法不太可能揭示人类经济的价值和动机，最好是在活生生的社会，在有血有肉的人构成的环境中开展研究。

经济行为可以通过律令被定义为对个人利益的精心追求，其他形式的行为因此被排除在"经济"之外。但即使在经济学和进化生物学领域，研究者也越来越认为，坚持将合作和利他行为重新解释为更深层的自私是徒劳无益的，而我们其他人只能注意到那些似乎是公然无视常识的行为。当理性选择理论的长期支持者转向脱离了任何自利计算的理性概念时，他们便在事实上承认了这一点。但是如果坚持认为我们对慈善机构的匿名捐赠或者给我们孩子的遗赠在某种程度上都是"理性的"，那么什么也得不到。正如莫斯几乎一个世纪前所坚持的那样，我们都同时是个人的和社会的，经济行为总是在不同程度上有利益关系和无利益关系的。如果我们渴望做人类，那么抓住这种辩证关系的一方而牺牲另一方是行不通的。

经济的概念起源于两千多年前，是最初的希腊农村家户管理的一条原则。在欧亚大陆由农耕文明主宰的漫长时期，这个

第九章 经济人类学往何处去？

含义就一直是经济概念的主要参照物。在工业革命以来的最近二百年左右的时期，说英语的人想出了一个自由主义后继概念，其目的是使市场理性化，这个市场正在把一个快速城市化的世界拉进一个更加紧密的联系中。我们在本书试图扩大这一传统，主要通过借鉴来自欧洲大陆的一系列资料。但我们并不认为人类经济的前景完全取决于西方。事实上，现在社会的焦点似乎正在不可避免地回到大多数人所在的地方：亚洲。对于我们人类管理地球具有重大意义的问题，经济人类学有潜力提供一种学科化的研究路径。它的西方根源必须与其他知识传统相结合，才能完成其全球使命，为更具包容性的人类未来做出贡献。

关于扩展阅读的提示

下列注释提供更多本书的论据来源，同时还提出可供进一步阅读的建议，资料包括教材、调研和其他二手文献。

1. 导言：经济人类学

通过大约30篇来自世界各地的文章，哈特、拉维尔和卡塔尼（Hart, Laville and Cattani 2010）探讨了"人类经济"的概念。詹姆斯·卡里尔（Carrier 2005）编辑了《经济人类学手册》，在我们撰写本书时，作者正在修订新版本。这是目前经济人类学领域研究工作最好的单一资料来源。自20世纪70年代以来，《经济人类学研究》期刊已经代表美国经济人类学协会发表了原创研究成果。在最近的教科书中，威尔克和克里格特（Wilk and Cliggett 2007）比纳罗斯基（Narotsky 1997）有更广泛的覆盖范围，其重点是新马克思主义方法。有关早期经济的创新考古学方法，请参阅谢拉特（Sherratt 1997）。卢梭（Rousseau 1754）启发了本书的作者——我们和我们之前的许多人，特别是在19世纪。扎米托（Zammito 2002）是对康德和赫尔德的最好介绍。

2. 从古代世界到互联网时代的经济

关于农业时代世界经济史的广阔视角，参阅哈特（Hart

2006）和格雷伯（Graeber 2011）。波兰尼（Polanyi 1957a）仍然是对亚里士多德和"家计管理"理论的出色介绍。曼德尔（Mandel 1974）提供了经济思想史的党派概述。熊彼特（Schumpeter 1954）是严肃读者不可或缺的指南。华勒斯坦（Wallerstein 1974）概述了"世界体系"自16世纪以来的发展。关于亚当·斯密的"看不见的手"，参见卢巴兹（Lubasz 1992）。关于卡尔·马克思，参见布洛赫（Bloch 1983）和帕特森（Patterson 2009）。哈特（Hart 2000）讨论了数字革命对国家资本主义的影响。

3. 现代经济学和人类学的兴起

哈钦森（Hutchinson 1978）是一本易读的经济学边际主义革命的介绍。希斯·皮尔森（Pearson 2000）提供了本书第三章所覆盖时期的经济学和人类学关系的最完整的介绍。关于德国传统，参见施皮特勒（Spittler 2008）和巴克豪斯（Backhaus 2000），卡恩（Kahn 1990）回顾了德国人类学历史学派的意义。斯托金（Stocking 1996）是对19世纪80年代至20世纪50年代英国学派的全面记述。约内（Yonay 1998）探讨了两次世界大战之间的美国经济史。西尔弗曼（Silverman 2004：257—274）对这一时期的美国人类学家做了令人钦佩的评介。库克（Cook 2004）概述了从墨西哥开拓者到现在的美国经济人类学。西高德（Sigaud 2002）追踪了研究界对莫斯的巨著复杂多样的接受情况，另外也可参见哈特（2007）。

4. 经济人类学的黄金时代

由勒克莱尔和施耐德（Leclair and Schneider 1968）以及弗思

（Firth 1967）编辑的合集仍然是查找大辩论的关键文章的好去处。博安南和道尔顿（Bohannan and Dalton 1962）仍然是从实质论视角研究市场的一部很好的论文集。关于卡尔·波兰尼的生活和工作，参见戴尔（Dale 2010）。韩可思和哈特（Hann and Hart 2009）包含了关于波兰尼当代相关性的评估文章。关于第二次世界大战后经济学专业的形成，参见米罗斯基（Mirowski 2002）。关于恰亚诺夫更多的信息参见杜伦伯杰（Durrenberger 1984）。

5. 形式论与实质论争辩之后

关于新马克思主义方法，参见布洛赫（Bloch 1975b，1983）、哈特（Hart 1983）。塞登（Seddon 1978）提供了 20 世纪 60 年代和 70 年代法国马克思主义人类学的主要文章的英文翻译。摩尔（Moore 1988）提供了关于女权主义对人类学贡献的一个综观调查。了解更多关于女性贸易者的研究参见塞利格曼（Seligmann 2001）。了解更多关于土耳其的研究参见斯特灵（Stirling 1993）。布雷登巴赫和尼里（Breidenbach and Nyíri 2009）解释了为什么我们如今"到处看到文化"。米勒（Miller 2010）包含了对他的"物质文化"研究的引人入胜的叙述。有关斯蒂芬·古德曼重要贡献的讨论，参见罗夫林（Löfving 2005）。新制度主义者的研究呈现于艾奇逊（Acheson 1994）。近期关于财产的人类学汇编包括韩可思（Hann 1998）和亨特与吉尔曼（Hunt and Gilman 1998）。哈维（Harvey 2005）对新自由主义作了简短的批判性介绍，更早时期的批判参见弗里德兰和罗伯特森（Friedland and Robertson 1990）。

6. 不平等发展

埃里克·沃尔夫（Wolf 1982）从边缘看不平衡发展的人类学史是不可或缺的。刘易斯（Lewis 1978）对 20 世纪的全球发展提供了一个容易理解的概述。世界银行和联合国开发计划署发表了充满有用的比较统计数据的年度报告。有关人类学家在这一领域作用的一般性介绍，参见加德纳和刘易斯（Gardner and Lewis 1996）；罗伯特森（Robertson 1984）检视了政治和制度问题，尤其关注马来西亚；大卫·莫塞（David Mosse 2004）提供了援助行业的民族志。最有影响力的参与式方法的研究先驱是罗伯特·钱伯斯（Chambers 1983），另参见哈里斯（Harriss 1982，2001）。帕达亚奇（Padayachee 2010）包含了一系列关于非洲发展的引人入胜的论文，古哈－哈斯诺比斯等（Guha-Khasnobis et al.2006）是正式经济与非正式经济之关系的跨学科介绍。埃斯科瓦尔（Escobar 1996）和弗格森（Ferguson 1990，2006）是质疑和反思"发展"的最突出的人类学家，而兰内马和鲍特里（Rahnema and Bawtree 1997）编撰了《后发展读本》。

7. 另一条道路——社会主义

韩可思（Hann 1991，2002）编辑了探讨社会主义和后社会主义的人类学文集。汉弗莱（Humphrey 2002）从多个角度记录了苏维埃经济的解体。关于改革前的中国农村，参见帕里什和怀特（Parish and Whyte 1978）。改革前的中国城市生活，参见怀特和帕里什（Whyte and Parish 1984）。关于新自由主义在中国的影响，参见弗雷斯彻（Fleischer 2010）、基普尼斯（Kipnis 2008）和罗弗尔（Rofel 1999）；阿利基（Arrighi 2007）认为现在称中国为"资本主义"还为时过早。关于东欧的农田私有化，参见韩可思（Hann 1993）、韩可思与"产权研究"团队（Hann and the "Property Relations" Group 2003）和威德利（Verdery 2003）。卡尔布和哈尔迈（Kalb and Halmai）即将出版的作品分析了社会主义后的剥夺及其对工人阶级的影响。克里德（Creed 2010）分析了保加利亚村民的社会文化剥夺。韦斯特和拉曼（West and Raman 2009）探索了社会主义的全球遗产。有关后社会主义和后殖民主义的比较，参见查里和维德里（Chari and Verdery 2009）。

8. 同一世界的资本主义

乔治·马库斯（George Marcus）在20世纪80年代与别人合著了关于文化转型的关键文本，以倡导多点民族志著称（Marcus1998），并对资本主义做出了几项原创性研究，其中包括亨特家族试图垄断全球白银市场（Marcus with Hall 1992）。托马斯·许兰德·埃里克森（Thomas Hylland Eriksen 2007）对"全球化"引起的问题进行了深入的回顾，侧重经济问题做了进一步的总结（Eriksen 2010），更加关注经济问题。库马尔（Kumar 1995）将福特主义和后福特主义置于"后学"这一更广泛的研究中。对于工业劳动，莫洛纳等人（Mollona et al.2009）将社会学家和历史学家的经典研究与当代人类学家的工作结合起来。米勒（Miller1996）对消费领域进行了调查。维德里与汉弗莱（Verdery and Humphrey 2004）和斯特朗与布斯（Strang and Busse 2011年）探讨了世界各地的知识产权和文化产权问题。毛勒（Maurer 2005b，2006）提供了关于货币的新出研究文献的概括性评论。有关2008年爆发的金融危机的人类学深刻见解，参见哈特与何瑞雪（Hart and Ortiz 2008）、古德曼（Gudeman 2010）和维瑟与卡尔博（Visser and Kalb 2010）。

9. 经济人类学往何处去？

罗博特姆（Robotham 2005）提出了一个强有力的论点，认为有必要纠正"文化转向"遗产，使其有利于对生产的研究。哈特（Hart 2005）更深入地探讨了人类如何应对日益非人格化的社会生存条件的核心挑战而始终不失为人。

参考文献

Acheson, J. (ed.) (1994) *Anthropology and Institutional Economics*. Lanham, MD: University Press of America.
Althusser, L. and Balibar, E. (1970 [1965]) *Reading Capital*. London: New Left Books.
Appadurai, A. (ed.) (1986) *The Social Life of Things: Commodities in Cultural Perspective*. Cambridge: Cambridge University Press.
Applbaum, K. (2003) *The Marketing Era: From Professional Practice to Global Provisioning*. New York: Routledge.
Apthorpe, R. (ed.) (1970) *People, Planning and Development Studies: Some Reflections on Social Planning*. Brighton: Frank Cass.
Arrighi, G. (2007) *Adam Smith in Beijing: Lineages of the Twenty-first Century*. London: Verso.
Backhaus, J. (ed.) (2000) *Karl Bücher: Theory, History, Anthropology, Non-market Economies*. Marburg: Metropolis.
Barth, F. (1966) Models of social organization. *Royal Anthropological Institute Occasional Papers*, No. 23, London.
Baudrillard, J. (1975) *The Mirror of Production*. New York: Telos.
Bellér-Hann, I. and Hann, C. (2000) *Turkish Region: State, Market and Social Identities on the East Black Sea Coast*. Oxford: James Currey.
Benson, P. and Kirsch, S. (2010) Capitalism and the politics of resignation. *Current Anthropology*, 51 (4): 459–86.
Berdahl, D. (1999) *(N)Ostalgie* for the present: memory, longing, and East German things. *Ethnos* 64 (2): 192–211.
Bettelheim, C. (1975 [1963]) *Economic Calculation and the Forms of Property*. New York: Monthly Review Press.
Beynon, H. (1973) *Working for Ford*. London: Penguin.
Bird-David, N. (1992) Beyond the hunting and gathering mode of subsistence: observations on the Nayaka and other modern hunter-gatherers. *Man* 27 (1): 22–44.
Bloch, M. (1975a) Property and the end of affinity. In M. Bloch (ed.), *Marxist Analyses and Social Anthropology*. London: Malaby Press: 203–28.
Bloch, M. (ed.) (1975b) *Marxist Analyses and Social Anthropology*.

参考文献

London: Malaby Press.
Bloch, M. (1983) *Marxism and Anthropology: The History of a Relationship*. Oxford: Oxford University Press.
Bohannan, L. and Bohannan, P. (1968) *Tiv Economy*. Evanston, IL: Northwestern University Press.
Bohannan, P. (1955) Some principles of exchange and investment among the Tiv of Central Nigeria. *American Anthropologist* 57: 60–70.
Bohannan, P. (1959) The impact of money on an African subsistence economy. *Journal of Economic History* 19: 491–503.
Bohannan, P. and Dalton, G. (eds.) (1962) *Markets in Africa*. Evanston, IL: Northwestern University Press.
Bourdieu, P. (1984) *Distinction: A Social Critique of the Judgment of Taste*. London: Routledge.
Braverman, H. (1974) *Labor and Monopoly Capital: The Degradation of Work in the Twentieth Century*. New York: Monthly Review Press.
Breidenbach, J. and Nyíri, P. (2009) *Seeing Culture Everywhere: From Genocide to Consumer Habits*. Seattle: University of Washington Press.
Bücher, K. (1896) *Arbeit und Rhythmus*. Leipzig: Reinicke.
Bücher, K. (1912 [1901]) *Industrial Evolution*. New York: Holt and Company.
Burawoy, M. (1979) *Manufacturing Consent: Changes in the Labor Process under Monopoly Capitalism*. Chicago: University of Chicago Press.
Burling, R. (1962) Maximization theories and the study of economic anthropology. *American Anthropologist* 64: 802–21.
Callon, M. (ed.) (1998) *The Laws of the Markets*. Oxford: Blackwell.
Cancian, F. (1965) *Economics and Prestige in a Maya Community: The Religious Cargo System in Zinacantan*. Stanford: Stanford University Press.
Cancian, F. (1972) *Change and Uncertainty in a Peasant Economy*. Stanford: Stanford University Press.
Carrier, J. (ed.) (2005) *A Handbook of Economic Anthropology*. Cheltenham: Edward Elgar.
Carrier, J. and Miller, D. (eds.) (1998) *Virtualism: A New Political Economy*. Oxford: Berg.
Castells, M. (1996) *The Rise of the Network Society: The Information Age – Economy, Society and Culture*. Oxford: Blackwell.
Chambers, R. (1995 [1983]) *Rural Development: Putting the Last First*. New York: Prentice Hall.
Chari, S. and Verdery, K. (2009) Thinking between the posts: postcolonialism, postsocialism and ethnography after the Cold War. *Comparative*

Studies in Society and History 51 (1): 6–34.
Chayanov, A. (1966 [1925]) *The Theory of Peasant Economy*. Homewood, IL: Irwin.
Chevalier, S. (2010) Material cultures of home. In R. Dowling (ed.), *The International Encyclopedia of Housing and Home*. Amsterdam: Elsevier: ch. 365.
Childe, G. (1981 [1936]) *Man Makes Himself*. London: Moonraker.
Clammer, J. (ed.) (1979) *The New Economic Anthropology*. Basingstoke: Palgrave Macmillan.
Commons, J. (1934) *Institutional Economics: Its Place in Political Economy*. New York: Macmillan.
Cook, S. (1968) The obsolete 'anti-market' mentality: a critique of the substantive approach to economic anthropology. *American Anthropologist* 68: 323–45.
Cook, S. (1982) *Zapotec Stoneworkers: The Dynamics of Rural Simple Commodity Production in Modern Mexican Capitalism*. Lanham, MD: University Press of America.
Cook, S. (2004) *Understanding Commodity Cultures: Explorations in Economic Anthropology with Case Studies from Mexico*. Lanham, MD: Rowman and Littlefield.
Creed, G.W. (1998) *Domesticating Revolution: From Socialist Reform to Ambivalent Transition in a Bulgarian Village*. University Park, PA: The Pennsylvania State University Press.
Creed, G.W. (2010) *Masquerade and Postsocialism: Ritual and Cultural Dispossession in Bulgaria*. Bloomington, IN: Indiana University Press.
Dale, G. (2010) *Karl Polanyi: The Limits of the Market*. Cambridge: Polity.
Davis, M. (2006) *Planet of Slums*. New York: Verso.
Day, S. (2007) *On the Game: Women and Sex Work*. London: Sage.
Demsetz, H. (1967) Toward a theory of property rights. *American Economic Review* 67 (2): 347–59.
Dennis, N., Henriques, F. and Slaughter, C. (1956) *Coal Is Our Life: An Analysis of a Yorkshire Mining Community*. London: Routledge.
Donham, D. (1990) *History, Power, Ideology: Central Issues in Marxism and Anthropology*. Cambridge: Cambridge University Press.
Donham, D. (1999) *Marxist Modern: An Ethnographic History of the Ethiopian Revolution*. Berkeley: University of California Press.
Douglas, M. (1962) Lele economy as compared with the Bushong. In P. Bohannan and G. Dalton (eds.), *Markets in Africa*. Evanston, IL: Northwestern University Press: 211–33.
Douglas, M. and Isherwood, B. (1979) *The World of Goods: Towards an Anthropology of Consumption*. London: Routledge.
Dumont, L. (1977) *From Mandeville to Marx: The Genesis and Triumph of Economic Ideology*. Chicago: University of Chicago Press.

Dunn, E. (2004) *Privatizing Poland: Baby Food, Big Business, and the Remaking of Labor*. Ithaca, NY: Cornell University Press.

Durkheim, E. (1960 [1893]) *The Division of Labour in Society*. Glencoe, IL: Free Press.

Durkheim, E. (1965 [1912]) *The Elementary Forms of the Religious Life*. Glencoe, IL: Free Press.

Durrenberger, E. P. (ed.) (1984) *Chayanov, Peasants and Economic Anthropology*. New York: Academic Press.

Edgeworth, F.Y. (2009 [1881]) *Mathematical Psychics: An Essay on the Application of Mathematics to the Moral Sciences*. Charleston, NC: BiblioBazaar.

Engels, F. (1972 [1884]). *The Origin of the Family, Private Property, and the State*. New York: Pathfinder Press.

Engels, F. (2008 [1845]) *The Condition of the Working-Class in England in 1844*. New York: Cosimo.

Ensminger, J. (1992) *Making a Market*. Cambridge: Cambridge University Press.

Eriksen, T. (2007) *Globalization: The Key Concepts*. Oxford: Berg.

Eriksen, T. (2010) Globalization. In K. Hart, J.-L. Laville and A. Cattani (eds.), *The Human Economy: A Citizen's Guide*. Cambridge: Polity Press: 21–31.

Escobar, A. (1996) *Encountering Development: The Making and Unmaking of the Third World*. Princeton, NJ: Princeton University Press.

Fei, H.-T. (1939) *Peasant Life in China: A Field Study of Country Life in the Yangtze Valley*. London: Routledge & Kegan Paul.

Ferguson, J. (1990) *The Anti-Politics Machine: 'Development', Depoliticization and Bureaucratic Power in Lesotho*. Cambridge: Cambridge University Press.

Ferguson, J. (1999) *Expectations of Modernity: Myths and Meanings of Urban Life on the Zambian Copperbelt*. Berkeley: University of California Press.

Ferguson, J. (2006) *Global Shadows: Africa in the Neoliberal World Order*. Durham, NC: Duke University Press.

Firth, R. (1929) *Primitive Economics of the New Zealand Maori*. London: Routledge.

Firth, R. (1939) *Primitive Polynesian Economy*. London: Routledge.

Firth, R. (ed.) (1967) *Themes in Economic Anthropology*. London: Tavistock.

Fleischer, F. (2010) *Housing China's Emerging Classes: Conflicting Interests in a Beijing Suburb*. Minneapolis, MN: Minnesota University Press.

Foster, G. (1942) *A Primitive Mexican Economy*. New York: J. J. Agustin.

Foster, G. (1948) *Empire's Children: The People of Tzintzuntzan*.

Washington, DC: Smithsonian Institution.
Foster, G. (1965) Peasant society and the image of limited good. *American Anthropologist* 67: 293–315.
Foucault, M. (1973 [1966]) *The Order of Things: An Archaeology of the Human Sciences*. New York: Vintage.
Fournier, M. (2006 [1994]) *Marcel Mauss: A Biography*. Princeton, NJ: Princeton University Press.
Frank, A. G. (1998) *Re-Orient: Global Economy in the Asian Age*. Berkeley: University of California Press.
Frankenberg, R. (1966) *Communities in Britain: Social Life in Town and Country*. Harmondsworth: Penguin.
Frazer, J. G. (1909) *Psyche's Task, a Discourse Concerning the Influence of Superstition on the Growth of Institutions*. London: Macmillan.
Frazer, J. G. (1984 [1890]) *The Golden Bough: A Study in Magic and Religion*. Oxford: Oxford University Press.
Friedland, R. and Robertson, A. F. (eds.) (1990) *Beyond the Marketplace: Rethinking Economy and Society*. New York: Aldine de Gruyter.
Friedman, J. (1975) Tribes, states and transformations. In M. Bloch (ed.), *Marxist Analyses and Social Anthropology*. London: Malaby Press: 161–202.
Friedman, J. (1994) *Cultural Identity and Global Process*. London: Sage.
Fukuyama, F. (1992) *The End of History and the Last Man*. New York: Free Press.
Fustel de Coulanges, N. (1980 [1864]) *The Ancient City: A Study on the Religion, Laws, and Institutions of Greece and Rome*. Baltimore, MD: Johns Hopkins University Press.
Gamble, C. (2007) *Origins and Revolutions: Human Identity in Earliest Prehistory*. Cambridge: Cambridge University Press.
Gardner, K. and Lewis, D. (1996) *Anthropology, Development and the Post-Modern Challenge*. London: Pluto.
Geertz, C. (1963) *Peddlers and Princes: Social Development and Economic Change in Two Indonesian Towns*. Chicago: University of Chicago Press.
Geertz, C. (1979) Suq: the bazaar economy in Sefrou. In C. Geertz, H. Geertz and L. Rosen, *Order and Meaning in Moroccan Society: Three Essays in Cultural Analysis*. Cambridge: Cambridge University Press: 159–268.
Gellner, E. (1988) *State and Society in Soviet Thought*. Oxford: Blackwell.
Ghazanfar, M. and Islahi, A. (1997) *Economic Thought of Al-Ghazali*. Jeddah: King Abdulaziz University.
Gluckman, M. (1965) *The Ideas in Barotse Jurisprudence*. New Haven, CT: Yale University Press.
Gluckman, M. (ed.) (1964) *Closed Systems and Open Minds*. Chicago: Aldine.

参考文献

Godelier, M. (1972 [1966]) *Rationality and Irrationality in Economics*. London: New Left Books.
Godelier, M. (1999) *The Enigma of the Gift*. Cambridge: Polity.
Goody, J. (1976) *Production and Reproduction: A Comparative Study of the Domestic Domain*. Cambridge: Cambridge University Press.
Goody, J. (2010) *The Eurasian Miracle*. Cambridge: Polity.
Goody, J. and Tambiah, S. (1973) *Bridewealth and Dowry*. Cambridge: Cambridge University Press.
Graeber, D. (2001) *Toward an Anthropological Theory of Value: The False Coin of Our Own Dreams*. New York: Palgrave.
Graeber, D. (2011) *Debt: The First 5,000 Years*. New York: Melville House.
Green, S. (1997) *Urban Amazons: Lesbian Feminism and Beyond in the Gender, Sexuality and Identity Battles of London*. Basingstoke: Palgrave Macmillan.
Gregory, C. (1982) *Gifts and Commodities*. New York: Academic Press.
Gregory, C. (1997) *Savage Money: The Anthropology and Politics of Commodity Exchange*. Amsterdam: Harwood.
Gregory, C. (2009) Whatever happened to householding? In C. Hann and K. Hart (eds.), *Market and Society: The Great Transformation Today*. Cambridge: Cambridge University Press: 133–59.
Gudeman, S. (1978) *The Demise of a Rural Economy*. London: Routledge.
Gudeman, S. (1986) *Economics as Culture: Models and Metaphors of Livelihood*. London: Routledge & Kegan Paul.
Gudeman, S. (2001) *The Anthropology of Economy: Community, Market, and Culture*. Malden, MA: Blackwell.
Gudeman, S. (2008) *Economy's Tension: The Dialectics of Community and Market*. Oxford: Berghahn.
Gudeman, S. (2010) Creative destruction: efficiency, equity or collapse? *Anthropology Today* 26 (1): 3–7.
Gudeman, S. and Rivera, A. (1990) *Conversations in Colombia*. Cambridge: Cambridge University Press.
Guha-Khasnobis, B., Kanbur, R. and Ostrom, E. (eds.) (2006) *Linking the Formal and Informal Economy: Concepts and Policies*. Oxford: Oxford University Press.
Guyer, J. (2004) *Marginal Gains: Monetary Transactions in Atlantic Africa*. Chicago: Chicago University Press.
Hann, C. (1980) *Tázlár: A Village in Hungary*. Cambridge: Cambridge University Press.
Hann, C. (ed.) (1991) *Socialism: Ideals, Ideologies, Practices*. London: Routledge.
Hann, C. (1993) From production to property; decollectivization and

the family–land relationship in contemporary Hungary. *Man* 28 (3): 299–320.
Hann, C. (ed.) (1998) *Property Relations: Renewing the Anthropological Tradition*. Cambridge: Cambridge University Press.
Hann, C. (ed.) (2002) *Postsocialism: Ideals, Ideologies, Local Practices*. London: Routledge.
Hann, C. (2009) Embedded socialism? Land, labour and money in eastern Xinjiang. In C. Hann and K. Hart (eds.), *Market and Society: The Great Transformation Today*. Cambridge: Cambridge University Press: 256–71.
Hann, C. and Hart, K. (eds.) (2009) *Market and Society: The Great Transformation Today*. Cambridge: Cambridge University Press.
Hann, C. and the 'Property Relations' Group (2003) *The Postsocialist Agrarian Question: Property Relations and the Rural Condition*. Münster: LIT.
Haraszti, M. (1977) *A Worker in a Worker's State*. London: Pelican.
Hardin, G. (1968) The tragedy of the commons. *Science* 162: 1243–8.
Harriss, J. (ed.) (1982) *Rural Development: Theories of Peasant Economy and Agrarian Change*. London: Hutchinson.
Harriss, J. (2001) *Depoliticizing Development: The World Bank and Social Capital*. London: Anthem.
Hart, K. (1973) Informal income opportunities and urban employment in Ghana. *Journal of Modern African Studies* 11 (1): 61–89.
Hart, K. (1982) *The Political Economy of West African Agriculture*. Cambridge: Cambridge University Press.
Hart, K. (1983) The contribution of Marxism to economic anthropology. In S. Ortiz (ed.), *Economic Anthropology: Topics and Theories*. Lanham, MD: University Press of America: 105–44.
Hart, K. (1986) Heads or tails? Two sides of the coin. *Man* 21 (3): 637–56.
Hart, K. (2000) *The Memory Bank: Money in an Unequal World*. London: Profile; republished in 2001 as *Money in an Unequal World*. New York: Texere.
Hart, K. (2002) World society as an old regime. In C. Shore and S. Nugent (eds.), *Elite Cultures: Anthropological Perspectives*. London: Routledge: 22–36.
Hart, K. (2005) *The Hit Man's Dilemma: Or Business, Personal and Impersonal*. Chicago: Prickly Paradigm Press.
Hart, K. (2006) Agrarian civilization and world society. In D. Olson and M. Cole (eds.), *Technology, Literacy and the Evolution of Society: Implications of the Work of Jack Goody*. Mahwah, NJ: Lawrence Erlbaum: 29–48.
Hart, K. (2007) Marcel Mauss: in pursuit of the whole – a review essay. *Comparative Studies in Society and History* 49 (2): 473–85.

Hart, K. and Ortiz, H. (2008) Anthropology in the financial crisis. *Anthropology Today* 24 (6): 1–3.
Hart, K. and Sperling, L. (1987) Cattle as capital. *Ethnos* 52: 324–38.
Hart, K., Laville, J. and Cattani, A. D. (eds.) (2010) *The Human Economy: A Citizen's Guide*. Cambridge: Polity.
Harvey, D. (2005) *A Brief History of Neoliberalism*. Oxford: Oxford University Press.
Hegel, G. (1952 [1821]) *The Philosophy of Right*. London: Oxford University Press.
Henrich, J. (ed.) (2004) *Foundations of Human Sociality: Economic Experiments and Ethnographic Evidence from Fifteen Small-scale Societies*. Oxford: Oxford University Press.
Herskovits, M. (1952 [1940]). *Economic Anthropology: The Economic Life of Primitive Peoples*. New York: Norton.
Hertz, E. (1998) *The Trading Crowd: An Ethnography of the Shanghai Stock Market*. Cambridge: Cambridge University Press.
Hill, P. (1963) *Migrant Cocoa-Farmers of Southern Ghana*. Cambridge: Cambridge University Press.
Hill, P. (1972) *Rural Hausa: A Village and a Setting*. Cambridge: Cambridge University Press.
Hill, P. (1986) *Development Economics on Trial*. Cambridge: Cambridge University Press.
Ho, K. (2009) *Liquidated: An Ethnography of Wall Street*. Durham, NC: Duke University Press.
Hobsbawm, E. (1994) *Age of Extremes: The Short Twentieth Century, 1914–1991*. London: Michael Joseph.
Holmstrom, M. (1976) *South Indian Factory Workers*. Cambridge: Cambridge University Press.
Holmstrom, M. (1984) *Industry and Inequality*. Cambridge: Cambridge University Press.
Howe, L. (1990) *Being Unemployed in Northern Ireland: An Ethnographic Study*. Cambridge: Cambridge University Press.
Humphrey, C. (1983) *Karl Marx Collective: Economy, Society and Religion in a Siberian Collective Farm*. Cambridge: Cambridge University Press.
Humphrey, C. (2002) *The Unmaking of the Soviet Economy: Everyday Economies after Socialism*. Ithaca, NY: Cornell University Press.
Hunt, R. and Gilman, A. (eds.) (1998) *Property in Economic Context*. Lanham, MD: University Press of America.
Hutchinson, T. (1978) *On Revolutions and Progress in Economic Knowledge*. Cambridge: Cambridge University Press.
International Labour Office (1972) *Employment, Incomes and Inequality in Kenya*. Geneva: ILO.

Jahoda, M., Lazarsfeld, P. F. and Zeisel, H. (2002) *Marienthal: The Sociography of an Unemployed Community*. New Brunswick, NJ: Transaction Publishers.

Jasarevic, L. (2009) Grave economy, good life: notes from the Bosnian market. Paper presented at the conference 'Beyond the Wall: twenty years of Europeanisation as seen from the former Yugoslavia', Belgrade, 13–16 December.

Johns, A. (2009) *Piracy: The Intellectual Property Wars from Gutenberg to Gates*. Chicago: University of Chicago Press.

Johnson, A. (1980) The limits of formalism in agricultural decision research. In P. Barlett (ed.), *Agricultural Decision Making*. New York: Academic Press: 19–43.

Josephides, L. (1985) *The Production of Inequality: Gender and Exchange among the Kewa*. London: Tavistock.

Kahn, J. (1990) Towards a history of the critique of economism: the nineteenth-century German origins of the ethnographer's dilemma. *Man* 25 (2): 230–49.

Kalb, D. and Halmai, G. (eds.) (forthcoming) *Headlines of Nation, Subtext of Class: Anthropologies of Neopopulism in Neoliberal Europe*. Oxford: Berghahn.

Keynes, J. M. (1936) *The General Theory of Employment, Interest and Money*. London: Macmillan.

Khaldun, Ibn. (1987). *The Muqaddimah: An Inquiry into History*. London: Routledge & Kegan Paul.

Kipnis, A. (2008) *China and Postsocialist Anthropology: Theorizing Power and Society after Communism*. Norfolk, CT: Eastbridge.

Knight, F. (1999 [1941]) Anthropology and economics. In *Selected Essays by Frank Knight*, Volume II. Chicago: University of Chicago Press: 107–25.

Knight, F. (2009 [1921]) *Risk, Uncertainty and Profit*. New York: Dover.

Konstantinov, Y. (1997) Patterns of reinterpretation: trader-tourism in the Balkans (Bulgaria) as a picaresque enactment of post-totalitarianism. *American Ethnologist* 23 (4): 762–82.

Kopytoff, I. (1986) The cultural biography of things: commoditization as process. In A. Appadurai (ed.), *The Social Life of Things: Commodities in Cultural Perspective*. Cambridge: Cambridge University Press: 64–91.

Kornai, J. (1980) *Economics of Shortage*. Amsterdam: North Holland.

Kornai, J. (2001) The borderline between the spheres of authority of the citizen and the state: recommendations for the Hungarian health reform. In J. Kornai, S. Haggard and R. B. Kaufman (eds.), *Reforming the State: Fiscal and Welfare Reform in Post-socialist Countries*. Cambridge: Cambridge University Press: 181–209.

参考文献

Kropotkin, P. (1902) *Mutual Aid: A Factor of Evolution*. London: William Heinemann.
Kumar, K. (1995) *From Post-Industrialism to Post-Modern Society*. Oxford: Blackwell.
Lampland, M. (1995) *The Object of Labor: Commodification in Socialist Hungary*. Chicago: University of Chicago Press.
Landa, J.T. (1994) *Trust, Ethnicity, and Identity*. Ann Arbor, MI: University of Michigan Press.
Leach, E. R. (1961) *Pul Eliya, a Village in Ceylon: A Study of Land Tenure and Kinship*. Cambridge: Cambridge University Press.
Leacock, E. (1978) Women's status in egalitarian society: implications for evolution. *Current Anthropology* 19 (2): 247–75.
Leclair, E. and Schneider, H. (eds.) (1968) *Economic Anthropology: Readings in Theory and Analysis*. New York: Holt Rinehart Winston.
Lee, R. B. (1979) *The !Kung San: Men, Women and Work in a Foraging Society*. Cambridge: Cambridge University Press.
Lenin, V. I. (2004 [1899]) *The Development of Capitalism in Russia*. Honolulu: University Press of the Pacific.
Leontief, W. (1977) *Essays in Economics: Theories, Facts and Policies*. New York: M. E. Sharp.
Lewis, W. A. (1978) *The Evolution of the International Economic Order*. Princeton, NJ: Princeton University Press.
Lien, M. (1997) *Marketing and Modernity*. Oxford: Berg.
Lipton, D. and Sachs, J. (1990) Creating a market economy in Eastern Europe – the case of Poland. *Brookings Papers on Economic Activity* 1: 75–147.
Locke, J. (1960 [1690]) *Two Treatises of Government*. Cambridge: Cambridge University Press.
Löfving, S. (ed.) (2005) *Peopled Economies: Conversations with Stephen Gudeman*. Uppsala: Interface.
Lubasz, H. (1992) Adam Smith and the invisible hand – of the market? In R. Dilley (ed.), *Contesting Markets: Analyses of Ideology, Discourse and Practice*. Edinburgh: Edinburgh University Press: 37–56.
Malinowski, B. (1921) The primitive economics of the Trobriand Islanders. *Economic Journal* 31: 1–16.
Malinowski, B. (1922) *Argonauts of the Western Pacific: An Account of Native Enterprise and Adventure in the Archipelagos of Melanesian New Guinea*. London: Routledge & Kegan Paul.
Malinowski, B. (1926) *Crime and Custom in Savage Society*. London: Routledge & Kegan Paul.
Malinowski, B. (1935) *Coral Gardens and Their Magic: A Study of the Methods of Tilling the Soil and of Agricultural Rites in the Trobriand Islands* (2 vols.). London: Allen & Unwin.

Malinowski, B. and de la Fuente, J. (1982) *Malinowski in Mexico: Economics of a Mexican Market System*, ed. S. Drucker-Brown. London: Routledge.
Mandel, E. (1974) *An Introduction to Marxist Economic Theory*. London: Pathfinder.
Marcus, G. (1998) *Ethnography through Thick and Thin*. Princeton, NJ: Princeton University Press.
Marcus, G. with Hall, P. (1992) *Lives in Trust: The Fortunes of Dynastic Families in Late Twentieth-Century America*. Boulder, CO: Westview.
Marshall, A. (1890) *Principles of Economics*. London: Macmillan.
Marx, K. (1970 [1867]) *Capital*, Volume I. London: Lawrence and Wishart.
Marx, K. (1973 [1859]) *Grundrisse*. New York: Vintage.
Marx, K. & Engels, F. (1998 [1848]) *Manifesto of the Communist Party*. New York: Penguin.
Maurer, B. (2005a) *Mutual Life, Limited: Islamic Banking, Alternative Currencies, Lateral Reason*. Princeton, NJ: Princeton University Press.
Maurer, B. (2005b) Finance. In J. Carrier (ed.), *Handbook of Economic Anthropology*. Cheltenham: Edward Elgar: 176-93.
Maurer, B. (2006) Anthropology of Money. *Annual Review of Anthropology* 35: 15-36.
Mauss, M. (1990 [1925]) *The Gift: The Form and Reason for Exchange in Archaic Societies*. London: Routledge.
Mauss, M. (1997) *Écrits politiques*, ed. M. Fournier. Paris: Fayard.
Mayhew, H. (1968 [1861-2]) *London Labour and the London Poor* (4 vols.). London: Dover.
Mazzarella, W. (2003) *Shoveling Smoke: Advertising and Globalization in Contemporary India*. Durham, NC: Duke University Press.
Meadows, Donella, Meadows, Dennis, Rander, J. and Behrens, W. (2004 [1972)] *The Limits to Growth*. London: Earthscan.
Meillassoux, C. (1964) *L'anthropologie économique des Gouro de Côte d'Ivoire*. Paris: Mouton.
Meillassoux, C. (1981) *Maidens, Meal and Money: Capitalism and the Domestic Community*. Cambridge: Cambridge University Press.
Mill, J. S. (1999 [1848]) *Principles of Political Economy: With Some of Their Applications to Social Philosophy*. Oxford: Oxford University Press.
Miller, D. (1987) *Material Culture and Mass Consumption*. Oxford: Blackwell.
Miller, D. (ed.) (1996) *Acknowledging Consumption: A Review of New Studies*. London: Routledge.
Miller, D. (1998) *A Theory of Shopping*. Ithaca, NY: Cornell University Press.

Miller, D. (2010) *Stuff*. Cambridge: Polity.

Mintz, S. (1961) *Worker in the Cane: A Puerto Rican Life History*. New Haven, CT: Yale University Press.

Mintz, S. (1986) *Sweetness and Power: The Place of Sugar in Modern History*. New York: Viking.

Mirowski, P. (2002) *Machine Dreams: Economics Becomes a Cyborg Science*. Cambridge: Cambridge University Press.

Mollona, M. (2009) *Made in Sheffield: An Ethnography of Industrial Work and Politics*. Oxford: Berghahn.

Mollona, M., De Neve, G. and Parry, J. (eds.) (2009) *Industrial Work and Life: An Anthropological Reader*. Oxford: Berg.

Montesquieu, C.-L. (1989 [1748]) *The Spirit of the Laws*. Chicago: Encyclopaedia Britannica.

Moore, H. (1988) *Feminism and Anthropology*. Cambridge: Polity.

Morgan, L.H. (1877) *Ancient Society, or Researches in the Lines of Human Progress from Savagery through Barbarism to Civilisation*. Chicago: C. H. Kerr.

Mosse, D. (2004) *Cultivating Development: An Ethnography of Aid Policy and Practice*. London: Pluto.

Müller, B. (2007) *Disenchantment with Market Economies: Eastern Germans and Western Capitalism*. Oxford: Berghahn.

Narotsky, S. (1997) *New Directions in Economic Anthropology*. London: Pluto.

Nash, J. (1993 [1979]) *We Eat the Mines and the Mines Eat Us: Dependency and Exploitation in Bolivian Tin Mines*. New York: Columbia University Press.

Nash, M. (1961) The social context of economic choice in a small society. *Man* 61: 186–91.

New York Times (2010) Justices, 5–4, reject corporate spending limit, www.nytimes.com/2010/01/22/us/politics/22scotus.html.

Ong, A. (1987) *Spirits of Resistance and Capitalist Discipline: Factory Women in Malaysia*. Albany, NY: State University of New York Press.

Ostrom, E. (1990) *Governing the Commons: The Evolution of Institutions for Collective Action*. Cambridge: Cambridge University Press.

Ouroussoff, A. (1993) Illusions of rationality: false premises of the liberal tradition. *Man* 28: 281–98.

Ouroussoff, A. (2010) *Wall Street at War*. Cambridge: Polity.

Padayachee, V. (ed.) (2010) *The Political Economy of Africa*. London: Routledge.

Pahl, R. (1984) *Divisions of Labour*. Oxford: Blackwell.

Parish, W. L. and Whyte, M. K. (1978) *Village and Family in Contemporary China*. Chicago: University of Chicago Press.

Parkin, D. (1972) *Palms, Wine and Witnesses: Public Spirit and Private Gain in an African Farming Community*. New York: Chandler.

Parry, J. (1986) The gift, the Indian gift, and the 'Indian gift'. *Man* 21 (3): 453-73.

Parry, J. (2008) Cosmopolitan values in a Central Indian steel town. In P. Werbner (ed.), *Anthropology and the New Cosmopolitanism*. Oxford: Berg: 325-43.

Parry, J. (2009) 'Sociological Marxism' in Central India: Polanyi, Gramsci and the case of the unions. In C. Hann and K. Hart (eds.), *Market and Society: The Great Transformation Today*. Cambridge: Cambridge University Press: 175-202.

Parry, J. and Bloch, M. (eds.) (1989) *Money and the Morality of Exchange*. Cambridge: Cambridge University Press.

Patterson, T. C. (2009) *Karl Marx, Anthropologist*. Oxford: Berg.

Pearson, Harry (1957) The secular debate on economic primitivism. In K. Polanyi, C. Arensberg and Harry Pearson (eds.), *Trade and Market in the Early Empires: Economies in History and Theory*. Glencoe, IL: Free Press: 3-11.

Pearson, Heath (2000) Homo economicus goes native, 1859-1945. The rise and fall of primitive economics. *History of Political Economy* 32 (4): 932-89.

Pelkmans, M. (ed.) (2009) *Conversion after Socialism: Disruptions, Modernisms and Technologies of Faith in the Former Soviet Union*. Oxford: Berghahn.

Petty, W. (2006 [1690]) *Political Arithmetick, or a Discourse Concerning the Extent and Values of Lands, People, Buildings*. New Delhi: Pranava Books.

Polanyi, K. (1957a) Aristotle discovers the economy. In K. Polanyi, C. Arensberg and Harry Pearson. (eds.), *Trade and Market in the Early Empires: Economies in History and Theory*. Glencoe, IL: Free Press: 64-94.

Polanyi, K. (1957b) The economy as instituted process. In K. Polanyi, C. Arensberg and Harry Pearson. (eds.), *Trade and Market in the Early Empires: Economies in History and Theory*. Glencoe, IL: Free Press: 243-69.

Polanyi, K. (1966) *Dahomey and the Slave Trade: An Analysis of an Archaic Economy*. Seattle: University of Washington Press.

Polanyi, K. (1977) *The Livelihood of Man*. New York: Academic Press.

Polanyi, K. (2001 [1944]) *The Great Transformation: The Political and Economic Origins of Our Times*. Boston, MA: Beacon.

Polanyi, K., Arensberg, C. and Pearson, Harry (eds.) (1957) *Trade and Market in the Early Empires: Economies in History and Theory*. Glencoe, IL: Free Press.

参考文献

Popkin, S. (1979) *The Rational Peasant*. Berkeley: University of California Press.
Radcliffe-Brown, A. (1952) *Structure and Function in Primitive Society*. London: Cohen and West.
Rahnema, M. and Bawtree, V. (1997) *The Post-Development Reader*. London: Zed.
Redfield, R. (1930) *Tepoztlan, a Mexican Village: A Study in Folk Life*. Chicago: University of Chicago Press.
Redfield, R. (1948) *Folk Cultures of the Yucatan*. Chicago: University of Chicago Press.
Redfield, R. (1956) *Peasant Society and Culture*. Chicago: University of Chicago Press.
Rey, P.-P. (1971) *Colonialisme, néo-colonialisme et transition au capitalisme*. Paris: Maspero.
Rey, P.-P. (1973) *Les alliances des classes*. Paris: Maspero.
Ricardo, D. (1971 [1817]) *Principles of Political Economy and Taxation*. Harmondsworth: Penguin.
Richards, A. (1939) *Land, Labour and Diet in Northern Rhodesia: An Economic Study of the Bemba Tribe*. London: Oxford University Press.
Richards, P. (1985) *Indigenous Agricultural Revolution: Ecology and Food Crops in West Africa*. Boulder, CO: Westview.
Robbins, L. (1932) *An Essay on the Nature and Significance of Economic Science*. London: Macmillan.
Robertson, A. F. (1984) *People and the State: An Anthropology of Planned Development*. Cambridge: Cambridge University Press.
Robertson, A. F. (1987) *The Dynamics of Productive Relationships: African Share Contracts in Comparative Perspective*. Cambridge: Cambridge University Press.
Robotham, D. (2005) *Culture, Economy and Society: Bringing Production Back In*. London: Sage.
Rofel, L. (1999) *Other Modernities: Gendered Yearnings in China after Socialism*. Berkeley: University of California Press.
Rousseau, J.-J. (1984 [1754]) *A Discourse on Inequality*. Harmondsworth: Penguin.
Ruggie, J.G. (1982) International regimes, transactions, and change: embedded liberalism in the postwar economic order. *International Organization* 36: 379–415.
Sahlins, M. (1958) *Social Stratification in Polynesia*. Seattle: University of Washington Press.
Sahlins, M. (1974 [1972]) *Stone Age Economics*. Chicago: Aldine.
Sahlins, M. (1976) La pensée bourgeoise. In *Culture and Practical Reason*. Chicago: University of Chicago Press: 166–99.

Sahlins, M. (1996) The sadness of sweetness: the native anthropology of western cosmology. *Current Anthropology* 37: 395–415.
Sahlins, M. (2002) *Waiting For Foucault*. Chicago: Prickly Paradigm.
Salisbury, R. (1962) *From Stone to Steel: Economic Consequences of a Technological Change in New Guinea*. Melbourne: Melbourne University Press.
Schapera, I. (1947) *Migration and Tribal Life*. London: Oxford University Press.
Schneider, H. (1970) *The Wahi Wanyaturu: Economics in an African Society*. Chicago: Aldine Atherton.
Schneider, H. (1974) *Economic Man: The Anthropology of Economics*. New York: Free Press.
Schumpeter, J. (1944) *Capitalism, Socialism and Democracy*. London: Allen and Unwin.
Schumpeter, J. (1954) *History of Economic Analysis*. Oxford: Oxford University Press.
Scott, J. (1976) *The Moral Economy of the Peasant: Rebellion and Subsistence in Southeast Asia*. New Haven, CT: Yale University Press.
Seddon, D. (ed.) (1978) *Relations of Production: Marxist Approaches to Economic Anthropology*. Brighton: Frank Cass.
Seligmann, L. J. (ed.) (2001) *Women Traders in Cross-Cultural Perspective: Mediating Identities, Marketing Wares*. Stanford, CA: Stanford University Press.
Sherratt, A. (1997) *Economy and Society in Prehistoric Europe: Changing Perspectives*. Edinburgh: Edinburgh University Press.
Sigaud, L. (2002) The vicissitudes of *The Gift*. *Social Anthropology* 10 (3): 335–58.
Silverman, S. (2004) The United States. In F. Barth, A. Gingrich, R. Parkin and S. Silverman, *One Discipline, Four Ways: British, German, French and American Anthropology*. Chicago: Chicago University Press: 257–347.
Simmel, G. (1978 [1900]) *The Philosophy of Money*. London: Routledge.
Singh Uberoi, J. (1962) *The Politics of the Kula Ring*. Manchester: Manchester University Press.
Sirman, N. (1990) State, village and gender in western Turkey. In A. Finkel and N. Sirman (eds.), *Turkish State, Turkish Society*. London: Routledge: 21–52.
Smith, A. (1961 [1776]) *An Inquiry into the Nature and Causes of the Wealth of Nations*. London: Methuen.
Sombart, W. (1902–27) *Moderner Kapitalismus* (3 vols.). Munich: Duncker & Humblot.
Spittler, G. (2008) *Founders of the Anthropology of Work: German*

Social Scientists of the 19th and Early 20th Centuries and the First Ethnographers. Berlin: Lit Verlag.

Steuart, J. (1767) *Principles of Political Economy* (2 vols.). London: Miller and Cadell.

Stewart, A. (2010) Sources of entrepreneurial discretion in kinship systems. *Entrepreneurship and Family Business* 12: 291–313.

Stirling, P. (ed.) (1993) *Culture and Economy: Changes in Turkish Villages.* Huntingdon: Eothen Press.

Stocking, G. (1996) *After Tylor: British Social Anthropology, 1888–1951.* Madison, WI: University of Wisconsin Press.

Strang, V. and Busse, M. (eds.) (2011) *Ownership and Appropriation.* Oxford: Berg.

Strathern, M. (1988) *The Gender of the Gift: Problems with Women and Problems with Society in Melanesia.* Berkeley: University of California Press.

Strathern, M. (1995 [1972]) *Women In Between: Female Roles in a Male World, Mount Hagen, New Guinea.* Lanham, MD: Rowman and Littlefield.

Terray, E. (1972) *Marxism and 'Primitive' Societies.* New York: Monthly Review Press.

Tett, G. (2009) *Fool's Gold: How the Bold Dream of a Small Tribe at J. P. Morgan Was Corrupted by Wall Street Greed and Unleashed a Catastrophe.* New York: Free Press.

Thompson, E. P. (1991) *Customs in Common.* New York: New Press.

Thurnwald, R. (1932) *Economics in Primitive Communities.* London: Oxford University Press.

Trevisani, T. (2010) *Land and Power in Khorez: Farmers, Communities and the State in Uzbekistan's Decollectvization Process.* Berlin: Lit Verlag.

Tylor, E. B. (1871) *Primitive Culture: Researches into the Development of Mythology, Philosophy, Religion, Art and Custom* (2 vols.). London: Murray.

United Nations Development Program (1998) *Human Development Report.* Washington, DC: UNDP.

Veblen, T. (1899) *The Theory of the Leisure Class.* New York: A. M Kelley.

Veblen, T. (1904) *The Theory of Business Enterprise.* New York: Charles Scribner's Sons.

Verdery, K. (1996) *What Was Socialism and What Comes Next?* Princeton, NJ: Princeton University Press.

Verdery, K. (2003) *The Vanishing Hectare: Property and Value in Postsocialist Transylvania.* Ithaca, NY: Cornell University Press.

Verdery, K. and Humphrey, C. (eds.) (2004) *Property in Question: Value Transformation in the Global Economy*. Oxford: Berg.
Visser, O. and Kalb, D. (2010) Neoliberalism, Soviet style. *European Journal of Sociology* 51 (2): 171-94.
Wallerstein, I. (1974) *The Modern World System: Capitalist Agriculture and the Origins of the European World Economy in the Sixteenth-Century*. New York: Academic Press.
Watson, J. L. (ed.) (1997) *Golden Arches East: McDonalds in East Asia*. Stanford, CA: Stanford University Press.
Weber, M. (1958 [1904-5]). *The Protestant Ethic and the Spirit of Capitalism*. New York: Charles Scribner's Sons.
Weber, M. (1961 [1922a]) *General Economic History*. New York: Collier.
Weber, M. (1978 [1922b]) *Economy and Society: An Outline of Interpretive Sociology* (2 vols.), ed. G. Roth and C. Wittich. Berkeley: University of California Press.
Wedel, J.R. (1999) *Collision and Collusion: The Strange Case of Western Aid to Eastern Europe 1989-1998*. New York: St Martin's.
Weiner, A. (1992) *Inalienable Possessions: The Paradox of Keeping-While-Giving*. Berkeley: University of California Press.
West, H.W. and Raman, P. (eds.) (2009) *Enduring Socialism: Explorations of Revolution and Transformation, Restoration and Continuation*. Oxford: Berghahn.
White, J. B. (1994) *Money Makes Us Relatives: Women's Labor in Urban Turkey*. Austin, TX: University of Texas Press.
Whyte, M. K. and Parish, W. L. (1984) *Urban Life in Contemporary China*. Chicago: University of Chicago Press.
Wiegratz, J. (2010) Fake capitalism? The dynamics of neoliberal moral restructuring and pseudo-development: The case of Uganda. *Review of African Political Economy* 37: 123-37.
Wilk, R. and Cliggett, L. (2007) *Economies and Cultures: Foundations of Economic Anthropology*. Boulder, CO: Westview.
Wolf, E. (1966) *Peasants*. Englewood Cliffs, NJ: Prentice Hall.
Wolf, E. (1969) *Peasant Wars of the Twentieth Century*. New York: Harper and Row.
Wolf, E. (1982) *Europe and the People Without History*. Berkeley: University of California Press.
Woodburn, J. (1982) Egalitarian societies. *Man* 17 (3): 431-51.
Yonay, Y. (1998) *The Struggle over the Soul of Economics: Institutionalist and Neoclassical Economists in America Between the Wars*. Princeton, NJ: Princeton University Press.
Zaloom, C. (2006) *Out of the Pits: Traders and Technology from Chicago*

to London. Chicago: University of Chicago Press.

Zaloom, C. (2008) Economy in the brain: gifts and the compromise of medical reason. Paper presented at the conference 'Rethinking economic anthropology: a human centred approach', SOAS, University of London, January 2008.

Zammito, J. (2002) *Kant, Herder and the Birth of Anthropology*. Chicago: University of Chicago Press.

Zelizer, V. (1994) *The Social Meaning of Money*. New York: Basic Books.

Zhang, L. (2001) *Strangers in the City: Reconfigurations of Space, Power, and Social Networks within China's Floating Population*. Stanford, CA: Stanford University Press.

索　引

（索引页码为原书页码，即本书边码）

abusa　阿布萨 110
Acheson, J.　艾奇逊, J. 89
Africa　非洲 44—45, 58—59, 103, 104, 148—149
　（关于）非洲发展的人类学（研究） 109—112.
　应用人类学在～ 44—45
　～人口增长 112
　本土资本主义和西非 109—110
　也可参见 西非单个国家的情况
agrarian civilizations　农业文明 18—19, 21, 25, 103, 145—146, 174
agriculture　农业 4, 11, 21, 24, 73, 111
aid　援助 103, 116
Al-Ghazali 22
Albert the Great　大阿尔伯特 20, 22
alienation　异化 1, 78, 82, 127, 150, 170, 171
Althusser, L.　阿尔图塞, L. 74, 75
Anatolia　安纳托利亚 81
Anglophone　（母语为英语或因所在地区的官方语言为英语而）讲英语的人 49, 73, 75, 78, 95, 99, 154
Année Sociologique (journal)　《社会学年鉴》（期刊）49

anthropological economics　人类学导向的经济学 84, 88
anthropology/anthropologists　人类学/人类学者 1—2
　～中的美国传统 46—48
　应用～ 44, 107
　生物人类学 9, 92
　～中的英国传统 42—46, 49
　作为反科学的～ 169
　批判～ 9—15, 16—17
　文化～ 9—10, 12
　～与发展 105—109
　非洲发展的～ 109—112
　～中的法国传统 48—53
　～中的德国传统 39—42, 53
　～的术语来源 9
anti-colonial revolution　反殖民革命 102, 103
anti-trust legislation　反托拉斯法规 32
apartheid principle　种族隔离原则 118
Appadurai, A.　阿帕杜莱, A. 86
Applbaum, K.　阿普尔鲍姆, K. 159—160
applied anthropology　应用人类学 44, 107

索引

appropriation 占用 154—155
Apthorpe, R. 阿普索普, R. 107
Aquinas 阿奎那 20—21, 22
aristocracy 贵族 19, 24, 32, 148
Aristotle 亚里士多德 18, 19—20, 21, 35, 56, 57
Arrighi, G. 阿利基, G. 26
Asia 亚洲 21, 112
~ 经济增长 16
~ 的威权主义国家 103
~ 的移民工人 105
~ 资本主义的兴起 32, 103, 118
也可参见 Centrual Asia; East Asia
Austria 奥地利 38, 55, 67, 150

Bali 巴厘 114
Balibar, E. 巴里巴尔, E. 74
Bangalore 班加罗尔 151
banks/banking 银行/银行业务 32, 46, 59, 95, 134, 160—161
Bantu 班图 44
barter 物物交换 26, 40, 43, 45, 50, 57, 60, 95, 131
Barth, Fredrik 弗里德里克·巴特 68, 98
Battle over Methods (Methodenstreit) 方法论之争 41—42, 70
Baudrillard, J. 让·鲍德里亚 153—154
bazaar model 集市模式 83, 113—114
Belfast 贝尔法斯特 150
Benedict, R. 本尼迪克特, R. 79

Bettelheim, C. 贝德尔海姆, C. 76
Beynon, H. 贝农, H. 150
Bhilai (India) 比莱（印度）151
biological anthropology 生物人类学 9, 92
biology 生物学
~ 和经济学 7, 173
Bird-David, N. 伯德－戴维, N. 85
Blat 布莱特 126, 128
Bloch, M. 布洛赫, M. 76—77, 94
Boas, F. 博厄斯, F. 12, 47
Bohannan, L. 博安南, L. 59
Bohannan, P. 博安南, P. 58—59, 61, 91
Bonuses and bank employees 奖金与银行雇员 160—161
Bourdieu, P. 布迪厄, P. 154
Bourgeois/bourgeoisie 资产阶级／中产阶级 29, 49, 84, 86—87
Brain scanning 大脑扫描 91, 92, 93, 98, 173
Braverman, H. 布雷弗曼, H. 150
Brazil 巴西 118, 119
Britain 英国 19, 25, 55, 58, 73, 149, 154。也可参见 anthropology, British tradition in
Bucher, K. 布歇尔, K. 38, 39—41, 43, 49, 50, 57, 58, 149
Bulgaria 保加利亚 133
Burawoy, Michael 迈克尔·布若威 150
bureaucracy 官僚主义 15, 30, 32, 107, 115, 116

Burling, R. 伯林, R. 66 罗宾斯·伯林（Robbins Burling）
Bushmen 布须曼人 121 也可参见 Kung San
Bushong 布松人 72
business(es) 企业 20, 60, 97, 157, 158
 家族~ Family 155—156
 也可参见 corporations
business enterprise 企业 64

calculation 计算 9, 37, 70, 91, 92, 96, 113, 146, 148, 173
Callon, M. 米歇尔, M. 87—88
Cameroon 喀麦隆 96
Cancian, F. 坎西亚, F. 68, 69, 77
capitalis （拉丁语）头的／首要的 144
Capitalism 资本主义 8, 12, 6, 17, 19, 34, 102, 142—162, 167, 169, 171
 资本与民族国家的联盟 32—33
 基于理性企业的~ 146—147
 ~与官僚精英 30, 31
 ~与阶级联盟 148—149
 殖民~ 75
 ~与消费 152—155
 ~公司 155—159
 ~与发展 102
 ~的发展 142—149
 本土~ 109—110
 工业~ 20, 25, 29—31, 100, 114, 145, 147

~与工业用语 149—152
~与马克思 28, 29, 144, 145
~的含义 143—144
国家~ 30—33
~与宗教 147
~与社会主义 172
~血汗工厂 145
car ownership 汽车所有权 104
cargo rituals 货物仪式 68, 69
Carrier, J. G. 卡里尔, J. G. 175
cash 现金 68, 82, 93
 也可参见 currency; money
cash cropping 经济作物 59, 81
cattle 牲口 144
Central Asia 中亚 124, 135, 161
Central Europe 中欧 43, 48
central planning 计划经济 7, 122, 124, 127—128, 130, 140
Chambers, R. 钱伯斯, R. 177
Chartist movement 宪章运动 58
Chayanov, A.V. 恰亚诺夫, A.V. 40, 63, 66—67, 80, 123, 149
Chevalier, S. 谢瓦利埃, S. 155
Childe, V. G. 柴尔德, V. G. 73
China 中国 21, 45, 118, 119, 142
 ~单位 127
 ~家庭联产承包责任制 125
 ~与社会主义 125, 137, 139, 140
cities 城市 19, 36, 101, 102
 ~中的"流动人口" 139
 从村庄迁居至~ 29—30, 102, 143
 ~改革式社会主义 139
 第三世界的~ 112—113, 115

索引

city state　40
civilization(s)　5, 10, 12, 144
　也可参见 agrarian civilizations
Clammer, J.　约翰, J. 77
class　阶级 29, 142
　资本主义与~联盟　148—149
Cocoa industry　可可工业 100
Cold War　冷战 2, 6, 16, 65, 142
Collectivization　集体化 123—124
Colonial capitalism　殖民资本主义 75
Colonialism　殖民主义 25, 45, 47, 59, 99, 102, 107, 112
　摆脱~统治获得独立　109, 111
　西非~　148, 151
Columbia University　哥伦比亚大学 47, 56, 72, 165
COMECON　经济互助委员会 99
commerce　商业 19, 20, 21, 23, 25, 86, 90—91, 96, 171
　也可参见 marker(s); trade
commodities　商品 27, 28, 95
　标志物与~区别的　60—61
　"虚构的"~　58, 59, 71, 134
　礼物和~的对立　14, 86—87
　根据文化价值观的~排名　62
commons　公地 88, 159
　~的悲剧 tragedy of　89
Commons, J. R.　康芒斯, J. R. 46
communism　共产主义 50, 76, 102, 134, 137, 140
　平等~　172
　原始~　primitive 12, 79, 84
　也可参见 socialism

community　社区 / 社群 / 共同体 19, 30, 85, 96, 148
　智识~　5, 55, 98, 163
　~与市场 88
competition　竞争 23, 24, 27, 50, 118, 146
Congo, the (formerly Zaire)　刚果（前扎伊尔）75
conservation of resources　资源保护 18, 35
consumption/consumers　消费 / 消费者 33, 109, 152—155
contracts　合同 49—51
Cook, Scott　斯科特·库克 67, 78, 86
cooperatives　合作社 51, 122, 124, 133
Copperbelt, the　铜带地区 45, 151—152, 1332
corporate capitalism　公司资本主义 155—159
corporations　公司 33, 156, 157—159, 160, 168, 171
corruption　腐败
　~与社会主义　129
credit derivatives　信用延伸产品 161, 162
Creed, G. W.　克里德, G. W. 124, 139
critical anthropology　批判人类学 9—15, 16—17
Cuba　古巴 137
cultural anthropology　文化人类学 9—10, 12,
　也可参见 anthropology, ethnology;

social anthropology
cultural materialism 文化唯物主义 77
cultural relativist paradigm 文化相对主义范式 1
cultural turn 文化转向 3, 83—88, 98, 136, 170
currency 货币 52, 139
 也可参见 cash; money
Czechoslovakia 捷克斯洛伐克 126

Dalton, G. 58—59, 70
Darwinianism 达尔文主义 7, 49
Davis, M. 戴维斯, M. 112
Day, S. 戴, S. 82—83
de la Fuente, J. 德拉富恩特, J. 68—69
decollectivization 去集体化 132, 135
democracy 民主 19, 58, 77, 130, 139, 140
 对~的威胁 8, 157
Demsetz, H. 德姆塞茨, H. 89, 90
dependency 依附 106
deskilling 去技术 150
development 发展 16, 31, 45, 100—120
 ~与人类学家 105—109
 非洲的~人类学 109—112
 ~与资本主义 102
 ~与成本分析 106
 ~与非正式经济 112—116
 ~的含义 102

~与现代化 106
可持续~ 119—120
不平等的世界中的 101—105
development economics 发展经济学 111, 114, 115
development industry 发展产业 106
development studies 发展研究 69, 105, 106
dialectical 辩证的 29, 41, 49, 74, 76, 88, 109, 169—170
Dickens, C. 狄更斯, C. 149
digital revolution 数码革命 34, 142, 158, 159
disembeddedness 脱嵌 58, 70, 136, 139, 159
 也可参见 embeddedness
dispossession 剥夺 141
distribution 分配 171—172
division of labour 劳动分工 20, 24, 25, 27, 49, 60, 70, 105, 139, 145
domestic economy 家庭经济 21, 38, 143
domestic labour 家务劳动 81—82
domestic life 家庭生活 86, 94, 126, 169, 171
 也可参见 household; oikonomia
domestic production 家庭生产 40, 63, 66, 80
domesticating revolution 驯化革命 124, 139
domestication 驯化
 社会主义的~ 124—125
Donham, D. L. 多纳姆, D. L. 78, 87

索引

Douglas, M. 道格拉斯, M. 72, 154
downsizing 裁员 152
Drake, Sir Francis 弗朗西斯·德雷克爵士 157
Dumont, L. 杜蒙, L. 72—73
Durkheim, E. 涂尔干, E. 38, 49, 53, 94

East Asia 东亚 77, 85, 122, 130, 139, 141, 172
East Germany 东德 132—133
Eastern Europe 东欧 123, 124
ecology 生态学 74, 111
econometrics 计量经济学 23
economic anthropology 经济人类学
~ 作为一门学科 169—172
~ 对全球历史的关注 164—166
~ 的目的 purpose of 1
~ 的阶段 stages of 2—3
~ 坚持普遍性和拥护特殊性之间的紧张关系 12—13
economic archaeology 经济考古学 4
economic growth 经济增长 102, 103
economic history 经济史 35—36, 39—40, 57, 17
economic individualism 经济个人主义 49
economic man 经济人 也可参见 Homo economicus
economic theory 经济理论
~ 的中世纪与近代根源思想渊源 20—24

economics 经济学
~ 与生物学 7, 173
~ 的定义 7
新古典主义 ~ 的发展 37—38
演化 ~ 7
主流 ~ 13
原始人的 ~ 42, 47—78, 50, 51—52, 53, 85
~ 与心理学 92
~ 的兴起 15
economy 经济 3—5, 6, 34—35
~ 的定义 6, 35, 170
~ 的脱嵌 58, 70, 136, 139
~ 家庭的 21, 38, 143
~ 理念的历史 15, 170
~ 作为家户管理 4, 18—20, 35, 41, 174
人类 ~ 也可参见 human economy
工业 ~ 31, 122, 144
非正式的 ~ 24, 112—116, 126, 151
~ 的地方性模式 4
~ 与市场 24—25
宏观 ~ 97
道德 ~ 85
~ 的术语起源 3—4, 18—19
政治 ~ 15, 24—27, 34, 74
乡村 ~ 126
Edgeworth, F. 埃奇沃思, F. 38
education 教育 31
egalitarian society 平等主义社会 57, 71, 172
elders 长老 61, 62, 76, 147, 148

211

elites 精英 20, 30, 31, 62, 78, 107, 119, 128, 134, 157

Elizabeth I, Queen 女王伊丽莎白一世 157

Elizabeth II, Queen 女王伊丽莎白二世 162

embedded liberalism 嵌入型自由主义 121, 140

embeddedness 嵌入性 2, 42, 58, 66
也可参见 disembeddedness

Engels, F. 恩格斯, F. 12, 27, 38, 73, 79, 118, 149
也可参见 Marx, K.

England 英格兰 22—23
也可参见 Britain

Ensminger, J. 恩斯明格, J. 89, 90—91, 97—98

enterprise 企业 146
理性的~ 146—147, 155—156

environment 环境 26, 32, 54, 119

equality 平等 10
也可参见 egalitarian society, inequality

Eriksen, T. H. 埃里克森, T. H. 177—178

Escobar, A. 埃斯科瓦尔, A. 117

Ethiopia 埃塞俄比亚 78, 87

ethnography/ethnographers 民族志/民族志作者 2, 12—13, 38, 100, 108, 163, 169

ethnology 民族学 12, 45, 53—54, 123, 169
也可参见 cultural anthropology; social anthropology

Eurasia 欧亚大陆 8, 73

Eurocentricism 欧洲中心主义 77, 90

Europe 欧洲 5, 7, 16, 22, 24, 57, 58, 73
中世纪的~ 19, 20—21
也可参见 Central Europe; Eastern Europe

European Union (EU) 欧洲联盟（欧盟）34, 119

Europeans 欧洲人
~的迁移 105, 118

evolution/evolutionism 进化论 7, 11, 12, 28, 100
经济~ 39, 40
维多利亚时代的~ 101, 108

evolutionary psychology 13

evolutionary theory/theorists 进化论/理论家 39, 44, 49, 72, 91, 111

exchange 交换 6, 20, 40, 50, 86—87
~与礼物 参见 gifts
货币对~的影响 59, 61—62, 95, 160
~与库拉圈 43, 44, 48, 91
~范围 59, 61—62, 71, 96

experimental economics 实验经济学 91

exploitation 剥削 8, 81, 82, 144, 147
劳动力的~ 78, 127
自我~ 125
对女性~ 79, 80

factories 工厂 35, 126—127
family businesses 家族企业 155—156
Fei Xiaotong 费孝通 45
feminism/feminists 女性主义/女性主义者 2, 16, 79—83, 97, 101, 168, 170
Ferguson, J. 弗格森, J. 112, 117
feudalism 封建制度 19, 77
fieldwork 田野调查 2, 169
finance, anthropology of 金融, 金融人类学 160
financial centres 金融中心 160
financial crisis (2008) (2008年) 金融危机 156, 159—161, 162, 164, 167—168
firm-type economy 企业型经济 113
First World War 第一次世界大战 42, 55
Firth, R. 弗思, R. 45—46, 53, 54, 98, 165
Firth, Rosemary 罗斯玛丽·弗思 79
Forbes magazine 福布斯杂志 104
Fordism 福特主义 150, 152
formal economy 正规经济 114
也可参见 informal economy
formalism/formalists 形式论/形式论者 2, 46, 56—57, 63, 64—69, 97, 114—115
formalist-substantivist debate 形式论与实体论之辩 41—42, 55—71, 72, 73—74, 88—89, 163
Foster, G. 福斯特, G. 47—48, 68, 85, 106
Foucault, M. 福柯, M. 169
France 法国
~汇率危机（1992—1924年）52
也可参见 anthropology, French tradition in
Frazer, J. G. 弗雷泽, J. G. 38—39, 46
'free' labour "免费"劳动力 58, 110, 167
free markets 自由市场 32, 86, 99, 161
French Marxism 法国马克思主义 73—78
French Physiocrats 法国重农主义者 24
Friedman, J. 弗里德曼, J. 76, 87
Friedman, M. 弗里德曼, M. 99
functionalism 功能主义 43, 45
结构~ 45, 74, 75, 76
Fustel de Coulanges, N. 古朗士, N. 19

Galbraith, J. K. 加尔布雷思, J. K. 63
game theory 博弈论 14, 91—92, 93, 98, 173
Geertz, C. 格尔兹, C. 69, 83, 113
Gellner, E. 盖尔纳, E. 123
gender 性别 80, 81, 82
也可参见 women
General Motors 通用汽车 158
Ghana 加纳 109, 172

~的可可工业 110—111
gifts 礼物 20, 40, 166
　莫斯论~ 14, 50, 87, 166
　商品与~的对立 14, 86—87
　吉姆瓦利（*gimwali*，物物交换）91
Giriama 吉里亚马人 147—148
Glass-Steagall Act 格拉斯－斯蒂格尔法案 161
globalization 全球化 30, 118, 142
　新自由主义的~ 3, 30, 116, 117, 163—164
Gluckman, M. 格鲁克曼, M. 44, 149, 151, 169
Godelier, M. 古德利尔, M. 74, 76, 87
gold standard, collapse of international (1931) 金本位，国际金本位货币体系的崩溃（1931年）61
Golden Hinde, The 金鹿号 157
Goody, J. R. 古迪, J. R. 73, 101, 172
Google 谷歌 33
government/governance 政府/统治 30, 31—34, 97, 102, 116, 158, 159, 172
Graeber, D. 格雷伯, D. 143, 175
'gratitude' money (hálapénz) "感谢"金 129, 136—137
Great Depression 大萧条 31, 46, 61, 117, 150, 168
Great Transformation, The 伟大的转变 参见 Polanyi, K.
Greeks, ancient 古希腊人 4, 10, 40—41

Green, S. 格林, S. 80
green revolution 绿色革命 111
Gregory, C. 格雷戈里, C. 87
guanxi 关系 126
Gudeman, S. 古德曼, S. 84, 88, 141
Guro 古罗人 75, 76
Guyer, J. 盖耶, J. 96, 160, 171

habitus 惯习 154
Hadza 哈扎人 85
Haiti 海地 111
hálapénz 感谢金 129, 136—137
Halbwachs, M. 哈布瓦赫, M. 49
Hann, C. 韩可思 82, 125, 139, 176, 177
Haraszti, M. 哈拉兹蒂, M. 126, 127
Hardin, G. 哈丁, G. 89
Harris, M. 哈里斯, M. 72, 77
Harriss, J. 哈里斯, L. 177
Hart, K. 哈特, K. 82, 95, 96, 103, 111, 114, 115, 144, 175, 176, 178
Harvey, D. 哈维, D. 139
Hayek, F. 哈耶克, F. 38, 89
Hegel, G. W. F. 黑格尔, G. W. F. 30, 41
Henrich, Joseph 约瑟夫·亨利希 92
Herder, J. G. 赫尔德, J. G. 12
Herodotus 希罗多德 10
Herskovits, M. 赫斯科维茨, M. 47, 54, 64—65
Hertz, E. 赫兹, E. 160

索引

hierarchy 等级制度 57, 61, 94
　～与工业化 151
　种族的～ 100
　～与交换范围 61
Hill, P. 希尔, P. 110, 111
historical materialism 历史唯物主义 39, 73, 75, 77, 79, 109, 123, 164
history 历史 13, 164
　经济～ 35—36, 39—40, 57, 175
　也可参见 world history
Ho, K. 何柔宛 160—161
Hobbes, T. 霍布斯, T. 11
Hobsbawm, E. 霍布斯鲍姆, E. 31
Holmstrom, M. 霍姆斯特罗姆, M. 151
home 家 79, 154—155
　～与市场 82, 169, 171
　也可参见 domestic life; household/householding
home decoration 家居装饰 153, 155
'homers' 私活 127
Homo economicus (economic man) 经济人 15, 37, 43, 51, 53, 69, 92, 98, 122, 163, 172—173
Homo sovieticus 苏维埃人 122
household/householding 家户/家计 40, 57, 126, 140
　市场与～的对立 169
　俄国农民的～ 66—67
　～与社会主义 126
household management 家户管理
　作为～的经济 4, 18—20, 35, 41, 174

household responsibility system (China) 家庭承包责任制（中国）125
Howe, L. E. A. 豪厄, L. E. A. 150
human economy 人类经济 4, 6—9, 13, 40, 53, 88, 117, 125, 140, 165—166, 167, 168, 170
human rights 人权 128, 130
humanity 人性 1, 9, 11, 16, 103, 165, 166, 169, 170
Humphrey, C. 汉弗莱, C. 123—124
Hungary 匈牙利 126—127, 128—129, 133, 140
　～的"感谢"金 129, 136—137
　～与绿色贵族 134—135
　～市场领域的开放 128
　～与社会主义 125—126
　～向市场经济过渡 134—135
hunter-gatherers 狩猎采集者 79, 84—85
Hutchinson, T. 哈钦森, T. 176

Ibn Khaldun 伊本·赫勒敦 22
ideology 意识形态 51, 56, 65, 74, 77, 98, 144, 170
immigration 移民 118
　也可参见 migration/migrants
imperialism 帝国主义 100, 104, 141
　也可参见 colonialism
impersonal 非人格化的 2, 26, 50, 48, 52, 62, 64, 66, 82, 93, 94, 97, 136, 167, 168
　也可参见 personal

215

India 印度 118, 142, 151
indigenous capitalism 本土资本主义 109—110
individualism 个人主义 13, 37, 41, 50, 85, 89, 172
~ 经济学 48, 49
industrial capitalism 工业资本主义 20, 25, 29—31, 100, 114, 145, 147
industrial economy 工业经济 31, 122, 144
industrial revolution 工业革命 73, 164
industrial work 工业劳动 149—152
inequality 不平等 10
~ 与发展 101—105
卢梭论~ 10—12
也可参见 equality; hierarchy
informal economy 非正规经济 24, 112—116, 126, 151
innovation 创新 23, 27, 36
institutional economists 制度经济学家 46—47
institutions 制度 46
~ 与新制度经济学 3, 89, 90, 97
intellectual property 知识产权 116, 158
International Labour 国际劳工局 115
internet 互联网 32, 33, 34
investment 投资 145, 156, 157, 165
invisible hand 看不见的手 26
Isherwood, B. 伊舍伍德, B. 154
Islamic economy 伊斯兰经济 22
Istanbul 伊斯坦布尔 82

Jahoda, M. 雅霍达, M. 149—150
Japan 日本 31, 116, 127, 161
Jasarevic, L. 贾萨雷维奇, L. 135
Java 爪哇 113
Jefferson, T. 杰斐逊, T. 157
Jevons, W. 杰文斯, W. 37
Jews 犹太人 21
Johannesburg 约翰内斯堡 118
Johnson, A. 约翰逊, A. 67
Josephides, L. 约瑟菲德斯, L. 80

Kalahari desert 喀拉哈里沙漠 84, 85
Kant, I. 康德, I. 12, 41, 165
Kenya 肯尼亚 90, 147—148
Keynes, J. M. 凯恩斯, J. M. 31, 90, 115, 117, 146
kinship 亲属关系 10, 35, 72, 73, 155—156
Knight, F. 奈特, F. 64, 65
knowledge economy 知识经济 170
Koopmans, T. 库普曼斯, T. 65
Kopytoff, I. 科皮托夫, I. 86
Kornai, J. 科尔奈, J. 127—128, 129, 136
Kroeber, A. 克鲁伯, A. 48
Kropotkin, P. 克鲁泡特金王子, P. 121
kula 库拉 43, 44, 48, 91
!Kung San 昆僟人 85
Kwakiutl Indians 印第安夸扣特尔人 47

labour 劳动 / 劳工 28, 144
~ 分工 20, 24, 25, 27, 49, 60, 70, 105, 139, 145
家庭 ~ 81—82
~ 的剥削 78, 127
自由 ~ 58, 110, 167
工业 ~ 149—152
流动 ~ 44, 110, 112, 118
labour theory of value 劳动价值论 23
laissez-faire 自由放任 58
land/land tenure 土地 / 土地所有制 11, 19, 21, 23, 24, 27, 44, 58, 71, 73, 90
Landa, J. T. 兰达, J. T. 91
landlords/landlordism 地主 / 地主所有制 19, 24, 26, 29, 30
language 语言 5
Latin America 拉丁美洲 77, 103
Lazi 拉齐人 81
Leach, E. R. 利奇, E. R. 72, 76
Leacock, E. 利科克, E. 79
Lehman Brothers 雷曼兄弟 161
Lele 莱勒人 72
Lenin, V. I. 列宁, V. I. 67
Leontief, W. 列昂季耶夫, W. 107
Lesotho 莱索托 112
Lévi-Strauss, C. 列维－斯特劳斯, C. 10, 49, 63, 72, 74
Lewis, Arthur 亚瑟·刘易斯 105
Lewis, W. A. 刘易斯, W. A. 114, 177
liberal/liberalism 自由主义的 / 自由主义 26, 31, 32, 37, 95, 103, 121, 140

也可参见 neoliberalism
limited good 有限利益 48, 68, 85, 106
Linton, R. 林顿, R. 64
local models perspective "地方性模式"视角 84, 88
Locke, J. 洛克, J. 144
London School of Economics (LSE) 伦敦经济学院 45, 53, 107

Maale 马尔 78, 87
Mach, E. 马赫, E. 43, 58
machines 机器 27, 31, 33, 42, 64, 100, 104, 118, 127, 143, 144, 145
Madagascar 马达加斯加 76
Mair, L. 梅尔, L. 79
Malinowski, B. 马林诺夫斯基, B. 12, 42—44, 45, 46, 48, 51, 52, 53, 54, 58, 66, 68—69, 74, 91, 95, 107, 149, 165, 166
Manchester 曼彻斯特 37, 149
恩格斯对 ~ 的研究 118, 149
Mandel, E. 曼德尔, E. 175
manufacturing 制造业 112, 118, 150, 161
Maori (New Zealand) 毛利人（新西兰）45
Marcus, G. 马库斯, G. 177
marginalism 边际主义 37, 41, 67
也可参见 neoclassical economics
marginalist revolution 边际革命 37, 176
market(s) 市场 8—9, 24—26, 30,

35, 40, 50
非洲的 ~ 59
~ 与社区 / 社群 / 共同体 88
~ 与经济 24—25
~ 扩张 104
自由 ~ 32, 86, 99, 161
~ 与家 / 家户 82, 169, 171
非人格化的 ~ 2, 66, 136
~ 与新制度经济学 89
波兰尼论 ~ 57—58
斯密论 ~ 25—26
~ 与社会主义 126
market economy 市场经济 3, 22
过渡到 ~ 和 ~ 的影响 130—134
market socialism 市场社会主义 140
marketing, corporate 营销，企业营销 159—160
marriage 婚姻 61—62, 76, 124
Marshall, A. 马歇尔, A. 62
Marx, K. 马克思, K. 12, 27—29, 30, 38, 39, 117, 144, 145, 170, 171—172
Marxism/Marxists 马克思主义 / 马克思主义者 2, 14, 37, 73—78, 97, 101, 106
法国的 ~ 73—78
~ 对农民研究的影响 77—78
西方的 ~ 121
也可参见 neo-Marxism
maslaha 社会福利事业 22
material culture 物质文化 39, 87, 142—143, 153, 155, 176
materialism 唯物主义

文化 ~ 77
历史 ~ 39, 73, 75, 79, 77, 109, 123, 164
Maurer, B. 毛勒, B. 160
Mauss, M. 14, 48—53, 54, 58, 87, 155, 167, 173
~《礼物》 14, 48—52, 166
maximization 最大化 7, 9, 37, 43, 56, 66, 67, 68
Mayhew, H. 梅休, H. 149
Mead, M. 米德, M. 79
media 媒体 112, 163
Mediterranean 地中海 15, 19, 57, 78
Meillassoux, C. 梅亚苏, C. 74—75, 76
Melanesia 美拉尼西亚 80, 90, 166
也可参见 New Guinea, Papua New Guinea
Menger, C. 门格尔, C. 37, 38, 57
mercantilism 重商主义 24, 96, 146—147
merchants 商人 19, 21, 25, 28
Mesopotamia 美索不达米亚 4, 20
Methodenstreit (Battle over Methods) 方法论之争 41—42, 70
Mexico 墨西哥 45, 47—48, 68—69
Meyer, E. 迈耶, E. 40
microeconomic theory 微观经济理论 23
Microsoft 微软 33
Middle East 中东 103
migration/migrants 迁移 / 移民 118

欧洲 ~ 105, 118
劳务 ~ 44, 110, 112, 118
妇女的 ~ 82
military landlordism 军事地主制 19, 29—30
Mill, J. S. 穆勒, J. S. 37—38
Miller, D. 米勒, D. 87—88
Mintz, S. 西敏司 72
Mirowski, P. 米罗斯基, P. 65, 176
Mises, L. 米塞斯, L. 38
mixed economy 混合经济 130
modernization 现代化 69, 105—106
Mollona, M. 莫洛纳, M. 150, 178
monetarism 货币主义 99
money 货币 32, 82, 98, 143, 171
~ 人类学 93—97, 160
~ 作为民族习俗的表现 95—96
~ 与金融危机 159—161
"感谢" ~ 129, 136—137
哈特论 ~ 82, 95
~ 对汇率的影响 59, 61—62, 95, 160
~ 在资本主义社会中的意义 82, 171
~ 作为一个记忆库 96—97
~ 个性化 94
波兰尼论 ~ 58, 59—61
关于 ~ 的实质论立场 59—62
~ 的象征与商品形式 60—61, 95, 170
moral economy 道德经济 85—86
morality 道德 84—85

Morgan, L. H. 摩尔根, L. H. 10, 12, 38, 73
Moroccan suq 摩洛哥"苏格"集市 83, 113
Morris, W. 莫里斯, W. 173
Mosse, D. 莫塞, D. 177

Nash, M. 纳什, M. 68
nation-state 民族国家 30, 34, 100, 115, 117
~ 与资本结盟 32—33
~ 作为经济的主要载体 36
national capitalism 国家资本主义 30—33
nationalism 民族主义 117
Nationalökonomie 国民经济 39
natural economy 自然经济 50
NEC 日本电气公司 116
neo-Marxism 新马克思主义 16, 71
也可参见 Marxism
neoclassical economics 新古典经济学 37—38, 45, 46, 64, 66, 97
neoliberal globalization 新自由主义全球化 3, 30, 116, 117, 163—164
neoliberalism 新自由主义 16, 17, 77, 86, 88, 103, 106, 161, 162
Neolithic 新石器时代 73
networks 网络
~ 经济学 82
互惠 ~ 126
社交 ~ 66, 97, 128, 135, 140
虚拟 ~ 33
neuroeconomics 神经经济学 91,

92—93

New Guinea 新几内亚 42, 68, 80, 82 也可参见 Melanesia, Papua New Guinea

New Institutional Economics (NIE) 新制度经济学 3, 89, 90, 91, 97—98

New Zealand 新西兰 45

NGOs 非政府组织 107

Nigeria 尼日利亚 59, 79, 96

Nixon, R. 尼克松, R. 31

Nkrumah, K. 恩克鲁玛, K. 110

nomenklatura （尤指苏联等国家）要职人员 126

North, Douglass 道格拉斯·诺思 89, 90

North, Dudley 达德利·诺思 23

Northern Rhodesia (Zambia) 北罗得西亚（赞比亚）44

Oaxaca Valley 瓦哈卡山谷 78

oikonomia 经济 4, 18—19, 20, 34

oikos 家庭 40—41, 57, 63

Ostalgie 东德情结 132, 140

Ostrom, E. 奥斯特罗姆, E. 89, 90

Ouroussoff, A. 奥罗索夫, A. 156

outsourcing 外包 152

Padayachee, V. 帕达亚奇, V. 177

Pahl, R. 帕尔, R. 150

Palaeolithic 旧石器时代 4

Panama 巴拿马 84

Papua New Guinea 巴布亚新几内亚 80, 82, 87

Parkin, D. 帕金, D. 147—148

Parry, J. 帕里, J. 151

Parsons, T. 帕森斯, T. 74

pastoralists 牧民 90

path dependency 路径依赖 136

patriarchy 父权制 79, 81

Pearson, Harry 哈里·皮尔森 40

Pearson, Heath 希斯·皮尔森 53—54, 176

peasants/peasantry 农民 48, 85, 123

女性主义的~研究 80—81

~和"有限利益的想象" 48, 68, 85, 106

马克思主义与对~的研究 77—78

墨西哥~ 68—69

personal 个人的/人格化的 48, 50, 79, 83, 94, 154—155, 168 也可参见 impersonal

personality 个性 34, 153

Petty, W. 配第, W. 23

philosophy 哲学 10, 71, 164

Physiocrats 重农主义者 24

plantations 种植园 72, 78, 110, 148

Plato 柏拉图 20, 56

Poland 波兰 130—131

Polanyi, K. 波兰尼, K. 14, 25, 40, 42, 55—56, 66, 70—71, 73, 89, 126, 136, 165, 166—167, 170

~的范畴 57, 70, 126

《达荷美与奴隶贸易》 58, 59

"虚构商品" 58, 59, 71, 134

《巨变》 14, 55—56, 57, 70
　　实质论路径 56—63
policy 政策 23
policy-making 决策 115, 163
polis 城邦 19
political economy 政治经济学 15, 24—27, 34, 74
politics 政治学 19, 60, 112
poor 贫困 8, 35
　　~与发展 101, 102—103, 106, 116
　　富人和~人之间的不平等 104—105, 117—118, 167
　　~国家和富裕国家 16, 102—103, 116
Popkin, S. 波普金, S. 85
population 人口 27, 102, 112
post-colonialism 后殖民主义 141
post-development approach 后发展路径 117
post-Fordism 后福特主义 150—151, 170
postsocialism 后社会主义 130—137, 141
potlatch 夸富宴 47, 48, 50, 57
poverty 贫困 106—107
　　也可参见 poor
pre-capitalism 前资本主义 28, 29
pre-colonialism 前殖民主义 71
prestation 呈献 50—51
primitive communism 原始共产主义 12, 79, 84
primitive communities 原始社区 50, 54, 70

primitive economics 原始人的经济学 42, 47—48, 50, 51—52, 53, 85
private property 私有财产 89, 90, 158, 172
privatization 私有化 99, 133
production 生产 6, 27
　　~与资本主义 145
　　家庭~ 40, 63, 66, 80
　　~与家户 40, 126
　　~的理想方式 74
　　马克思论~ 28—29
　　大量~ 31, 109, 114
　　~方式 29, 39, 74, 75, 77, 87
　　"小商品~" 75, 78
　　乡村~ 78, 133—134
property 财产/产权 38—39, 72, 89—90
　　知识~ 116, 158
　　私有~ 89, 90, 158, 172
　　乡村~ 72
property rights 财产权 6, 11, 89, 125, 129
protectionism 保护主义 58
Protestant ethic 新教伦理 147, 148
psychology 心理学
　　~与经济学 92
public goods 公共物品 8, 158

racial discrimination 种族歧视 119
Radcliffe-Brown, A. R. 拉德克利夫-布朗, A. R. 45, 74
Rapid Rural Appraisal 快速农村评估 109

221

ratings agencies　评级机构 156
rational choice theory　理性选择理论 7, 9, 13, 92, 98, 173
rational enterprise　理性企业 146—147, 155—156
rationality　理性 23, 74, 146
reciprocity　互惠 42, 50, 57, 63, 66, 70, 71, 126, 167
Red Star Tractor Factory (Budapest)　红星拖拉机厂（布达佩斯）126
Redfield, R.　雷德菲尔德, R. 48
redistribution　再分配 57, 66, 70, 126
reform socialism　改革型社会主义 137, 139
religion　宗教
　~ 与资本主义　147
rent　出租 19, 26, 27, 32, 33—34
reproduction　再生产 28, 67, 80, 86, 87, 158
revolutions (1989—1991)　革命（1989—1991 年）128, 140
Rey, P-P.　雷, P-P. 74—75, 148
Rhodes-Livingstone Institute　罗德斯 - 利文斯通研究所 45, 151
Ricardo, D.　李嘉图, D. 26
rich countries　富裕国家 116
　~ 与贫穷国家之间的不平等 104—105, 117—118, 167
　~ 与贫穷国家的关系　102—103, 118
Richards, A.　理查兹, A. 44, 79, 149, 151
Richards, P.　理查兹, P. 111

rights　权 / 权利 80, 117, 157, 158
　公民 ~　118, 157
　人 ~　128, 130
　财产 ~　6, 11, 89, 125, 129
Robbins, L.　罗宾斯, L. 45
Robertson, A. F.　罗伯特森, A. F. 110, 177
Robotham, D.　罗博特姆, D. 178
Rockefeller, J. D.　洛克菲勒, J. D. 32
Rodbertus, K.　洛贝图斯, K. 40—41
Romania　罗马尼亚 130, 133
Rome　罗马 19
Rousseau, J-J.　卢梭, J-J. 0—12, 49, 73, 103—104, 165
rural agrarian statistics　农村土地统计 123
rural production　农村生产 78, 133—134
Russia　俄罗斯 76, 123, 128, 133
Russian peasantry　俄罗斯农民 40, 66—67

Sachs, J.　萨克斯, J. 130—131
Sahlins, M.　萨林斯, M. 0, 49, 62—63, 66, 72, 83—84, 142
Salisbury, R.　索尔兹伯里, R. 8
scarcity　稀缺性 4, 45, 66, 67
Schapera, I.　沙佩拉, I. 44
Schneider, H.　施耐德, H. 67—68, 69, 90—91, 98
Scholastics　经院哲学家 20, 21, 22, 36
Schumpeter, J.　熊彼得, J. 102

索引

science 科学 88—93
Scott, J. C. 斯科特, J. C. 85
Second World War 第二次世界大战 65, 103
Seddon, D. 塞登, D. 176
self-exploitation 自我开发 125
self-interest 自利 26, 51, 52, 85, 87, 172, 173
selling 销售 159—160
sex 性 82—83
sharecropping 分成制 78, 81, 110
Sheffield 谢菲尔德 150—151
shock therapy 休克疗法 131
shopping 购物 135
shortage economy 短缺经济 127—128
Sierra Leone 塞拉利昂 111
Sigaud, L. 西高德, L. 176
Simiand, F. 西米昂德, F. 49
Simmel, G. 齐美尔, G. 97
slaves/slavery 奴隶/奴隶制 21, 61, 75, 110, 157
Smith, A. 斯密, A. 21, 24, 25—26, 34, 49, 50, 57, 85, 145
social anthropology 社会人类学 9—10, 12, 45
也可参见 anthropology, cultural anthropology; ethnology
social movements 社会运动 117
social sciences 社会科学 37, 55, 64, 121
socialism 社会主义 8, 16—17, 114, 121—141
~ 与资本主义 172

~ 与中央计划 31, 122, 124, 127—128
~ 与中国 125, 137, 139, 140
~ 与腐败 129
~ 的驯化 124
嵌入的~ 121—122, 140
~ 工厂生活 126—127
~ 与家户 126
~ 与匈牙利 125—126
~ 与市场 126
~ 与后社会主义的转型 130—137
~ 与互惠 126
~ 与再分配 126
~ 改革 137, 139
~ 短缺经济 127—128
苏联~ 121—122, 123—124
sociology 社会学 49, 172
solidarity 团结 49, 128, 167, 170
Sombart, W. 桑巴特, W. 143
Soros, G. 索罗斯, G. 167
South Africa 南非 112
Soviet Union 苏联 76
~ 集体化 123—124
~ 工业经济 122
~ 与社会主义 121—122, 123—124
~ 向市场经济过渡 131, 133
也可参见 Russia
specialization 专业化 49, 145
Spencer, H. 斯宾塞, H. 49
spheres of exchange 交换领域 参见 exchange
Spittler, G. 施皮特勒, G. 176
Sri Lanka 斯里兰卡 72

Stalin, J. 斯大林, J. 122
Stalinists 斯大林主义者 76, 124
state ownership 国家（全民）所有制 122
stateless societies 无国家社会 25
Steuart, J. 斯图亚特爵士, J. 24
Steward, J. 斯图尔特, J. 72
Stocking, G. 斯托金, G. 176
Strathern, M. 斯特拉森, M. 80, 82, 86
structural adjustment 结构调整 103, 116
structural-functionalism 结构功能主义 45, 74, 75, 76
structuralism 结构主义 72, 74
subject-object relations 主客体关系 86, 153
subsistence 生存（维持生计）4, 22, 38, 40, 59, 61, 85, 132
substantivists 实质论者 2, 55—63, 67, 86, 98, 132
　　也可参见 formalist-substantivist debate
suq 苏格 83, 113
sustainable development 可持续发展 119—120
sweatshop capitalism 血汗工厂资本主义 145
systems theory 系统论 74, 76

Tanzania 坦桑尼亚 69, 85
taxes 税收 32, 33
technology 技术 54, 84, 105, 143, 146

Tepoztlan 特波茨兰 48
Terray, E. 特里, E. 74—75, 76
Tett, G. 邰蒂, G. 162
Thatcher, M. 撒切尔, M. 99
Third World 第三世界 16, 112—113, 115
Thompson, E. P. 汤普森, E. P. 85
Thurnwald, R. 图恩瓦尔德, R. 33, 42, 58
Tikopia 蒂蔻皮亚 46
Tinbergen, J. 廷伯根, J. 65
Tiv 提夫人 59, 61
trade 贸易 19, 40, 60—61, 95, 122
　自由 ~ 27
　世界 ~ 105
　也可参见 exchange; money
trade unions 工会 33, 58, 152
trader tourists 商贸旅游者 132
traders 贸易商 21, 44, 79, 86, 96, 135, 160, 171
transaction costs 交易成本 90, 97
transactionalism 交易主义 68, 98
transnational corporations 跨国公司 33—34
Trinidad 特立尼达拉岛 87—88
Trobriand Islands 特罗布里恩群岛 42, 43—44, 45, 51—52, 57, 66, 91
Turkey 土耳其 81
Turu 图鲁人 69
Tylor, E. 泰勒, E. 38

Uberoi, J. S. 乌贝罗伊, J. S. 91
Uganda 乌干达 86

underdevelopment 欠发达 106
也可参见 development unemployment 115, 149—150
unequal development 不平等发展 16, 100—120
unions 工会 参见 trade unions
United Nations 联合国 103
United Nations Development Program 联合国开发计划署 104
United States 美国 46—47, 55
~第十四条修正案 157
~最高法院 157
也可参见 anthropology, American tradition in
universalism 普遍主义 12
universities 大学 1, 9, 55, 62, 69, 91, 93
urban revolution 城市革命 73
urbanization 城市化 112
USSR 苏维埃社会主义共和国联盟 参见 Soviet Union
utilitarianism 功利主义 7, 37, 50, 53, 68, 173
Uzbekistan 乌兹别克斯坦 124

value 价值 7, 143
劳动~论 23
varna system (India) （印度的）的种姓制度 21
Veblen, T. 凡勃伦, T. 46, 89, 153
Verdery, K. 维德里, K. 129—130
Victorians 维多利亚时代的人 100
Vietnam 越南 137, 140

villages/villagers 村庄/村民 48, 85, 124, 125, 133, 134, 139
virtual economy 虚拟经济 161
virtualism 虚拟主义 88

wages 工资 26, 27, 51, 79—80, 105, 118—119, 126, 136, 150
Wall Street 华尔街 3, 160
Wallerstein, I. 华勒斯坦, I. 76
Walmart 沃尔玛 157
Walras, L. 瓦尔拉斯, L. 37
war 战争 11, 15, 19, 20, 36, 58
也可参见 First World War; Second World War
Washington Consensus 华盛顿共识 17
wealth 财富 143
~分配 156
Weber, M. 韦伯, M. 30, 39, 41, 57, 113, 143, 145—147
Wedel, J. R. 韦德尔, J. R. 131
Weiner, A. 韦纳, A. 87
welfare state 福利国家 15, 31, 51, 58, 77
well-being 福祉 8, 57
White, J. B. 怀特, J. B. 82
White, L. 怀特, L. 72
Wilk, R. 威尔克, R. 175
Williamson, O. 威廉森, O. 89, 156
Wolf, E. R. 沃尔夫, E. R. 72, 77—78, 101
women 女性 79—83
剥削~ 79, 80

~移民 82
women's movement 妇女运动 79—80
Woodburn, J. 伍德伯恩, J. 85
work 工作/劳动 39
　工业~ 149—152
　也可参见 labour
work points 工分 125, 126
work-unit (danwei) 单位 127
working class 工人阶级 31, 126, 152
World Bank 世界银行 112
world economy 世界经济 2, 3, 26, 30, 32, 34, 36, 102, 115, 148, 156, 164, 166, 170
world history 世界历史 2, 5, 13, 29, 55, 78, 99, 100, 159, 164, 169, 172
World Social Forums 世界社会论坛 117
world society 世界社会 5, 12, 100, 101, 103, 105, 119, 172, 174

Xenophon 色诺芬 41

Yonay, Y. 约内, Y. 176
Yugoslavia 南斯拉夫 135

Zaire 扎伊尔 75, 116
Zaloom, C. 扎鲁姆, C. 93, 160
Zambia 赞比亚 44, 132, 151—152
Zola, É. 左拉, É. 149

图书在版编目（CIP）数据

经济人类学：学科史、民族志与批判 /（英）韩可思，（英）基斯·哈特著；朱路平译. —北京：商务印书馆，2022（2022.6 重印）
（人类学视野译丛）
ISBN 978-7-100-20512-2

Ⅰ.①经… Ⅱ.①韩…②基…③朱… Ⅲ.①经济人类学 Ⅳ.① F069.9

中国版本图书馆 CIP 数据核字（2021）第 236868 号

权利保留，侵权必究。

人类学视野译丛
经济人类学
——学科史、民族志与批判
〔英〕韩可思　基斯·哈特　著
朱路平　译

商务印书馆出版
（北京王府井大街36号　邮政编码100710）
商务印书馆发行
北京通州皇家印刷厂印刷
ISBN 978-7-100-20512-2

2022年1月第1版　开本 880×1230　1/32
2022年6月北京第2次印刷　印张 7½
定价：45.00 元